财富世界行 系列丛书

Beyond Money

金钱之外

意大利财富世界之旅

Rich World Tour Of Italy

陈晓丹 / 编著

中国出版集团 现代出版社

图书在版编目(CIP)数据

金钱之外 / 陈晓丹编著. —北京：现代出版社，2016.7(2021.8重印)
ISBN 978-7-5143-5201-6

Ⅰ.①金… Ⅱ.①陈… Ⅲ.①经济概况－意大利
Ⅳ.①F154.6

中国版本图书馆CIP数据核字(2016)第160813号

编　　著　陈晓丹
责任编辑　王敬一
出版发行　现代出版社
通讯地址　北京市安定门外安华里504号
邮政编码　100011
电　　话　010-64267325 64245264(传真)
网　　址　www.1980xd.com
电子邮箱　xiandai@cnpitc.com.cn
印　　刷　北京兴星伟业印刷有限公司
开　　本　700mm×1000mm 1/16
印　　张　9.5
版　　次　2016年8月第1版　2021年8月第3次印刷
书　　号　ISBN 978-7-5143-5201-6
定　　价　29.80元

前言

QIANYAN

多年以来,我们就一直想策划关于G20的图书,经过艰苦努力,如今这个想法终于变成了现实。毋庸置疑,G20已经成为世界上最具影响力的经济论坛之一,而成员国则被视为世界经济界“脑力激荡”、“激发新思维”与财富的代名词。

我常常会在心里问自己:到底什么是财富?什么是经济?有的人可能会说,钱啊!这种说法从某种意义上来说有一定的道理。在这里我要说,只要是具有价值的东西都可以称之为财富,包括自然财富、物质财富、精神财富,等等。从经济学上来看,财富是指物品按价值计算的富裕程度,或对这些物品的控制和处理的状况。财富的概念为所有具有货币价值、交换价值或经济效用的财产或资源,包括货币、不动产、所有权。在许多国家,财富还包括对基础服务的享受,如医疗卫生以及对农作物和家畜的拥有权。财富相当于衡量一个人或团体的物质资产。

需要说明的是,世上没有绝对的公平,只有相对的强弱。有的人一出生就有豪车豪宅,而且是庞大家业的继承人;有的人一出生就只能是穷乡僻壤受寒冷受饥饿的孩子。自己的人生只有改变“权力、地位、财富”中的一项,才可以获得优势的生存机会。那么,财富又被赋予了新的内涵：要创造财富，增加财富，维持财富，保护财富，享受财富；要提高自己的生活质量。

二十国集团是一个国际经济合作论坛，它的宗旨是为推动发达国家和新兴市场国家之间就实质性问题进行讨论和研究，以寻求合作并促进国际金融稳定和经济持续发展。二十国集团由美国、英国、日本、法国、德国、加拿大、意大利、俄罗斯、澳大利亚、中国、巴西、阿根廷、墨西哥、韩国、印度尼西亚、印度、沙特阿拉伯、南非、土耳其共19个国家以及欧盟组成。这些国家的国民生产总值约占全世界的85%，人口则将近世界总人口的2/3。本选题立足二十国集团，希望读者通过阅读能够全面了解这20个经济体，同时，能够对财富有一个全面而清醒的认识。

即使在基本写作思路确定后，对本书的编写还是有些许的担忧，但是工作必须做下去，既然已经开始，我们绝不会半途而废。在编写过程中，书稿大致从以下几个方面入手：

1. 立足G20成员国的经济、财富，阐述该国的经济概况、经济地理、经济历史、财富现状、财富人物以及财富未来的发展战略等。

2. 本书稿为面对青少年的普及型读物，所以在编写过程中尽量注重知识性、趣味性，力求做到浅显易懂。

3. 本书插入了一些必要的图片，对本书的内容进行了恰到好处的补充，以更好地促进读者的阅读。

尽管我们付出了诸多的辛苦，然而由于时间紧迫和能力所限，书稿错讹之处在所难免，敬请各方面的专家学者和广大读者批评指正，我们将不胜感激！

编 者

2012年11月

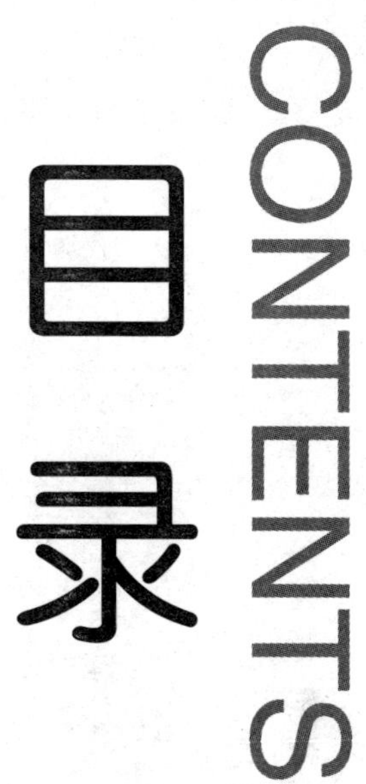

开 篇 二十国集团是怎么回事

二十国集团，由八国集团（美国、日本、德国、法国、英国、意大利、加拿大、俄罗斯）和11个重要新兴工业国家（中国、阿根廷、澳大利亚、巴西、印度、印度尼西亚、墨西哥、沙特阿拉伯、南非、韩国和土耳其）以及欧盟组成。

二十国集团简介

二十国集团，由八国集团（美国、日本、德国、法国、英国、意大利、加拿大、俄罗斯）和11个重要新兴工业国家（中国、阿根廷、澳大利亚、巴西、印度、印度尼西亚、墨西哥、沙特阿拉伯、南非、韩国和土耳其）以及欧盟组成。按照惯例，国际货币基金组织与世界银行列席该组织的会议。二十国集团的GDP总量约占世界的85%，人口约为40亿。中国经济网专门开设了“G20财经要闻精粹”专栏，每日报道G20各国财经要闻。

【走近二十国集团】

二十国集团，又称G20，它是一个国际经济合作论坛，于1999年12月16日在德国柏林成立，属于布雷顿森林体系框架内非正式对话的一种机制，由原八国集团以及其余12个重要经济体组成。

二十国集团的历史

二十国集团的建立，最初是由美国等 8 个工业化国家的财政部长于 1999 年 6 月在德国科隆提出的，目的是防止类似亚洲金融风暴的重演，让有关国家就国际经济、货币政策举行非正式对话，以利于国际金融和货币体系的稳定。二十国集团会议当时只是由各国财长或各国中央银行行长参加，自 2008 年由美国引发的全球金融危机使得金融体系成为全球的焦点，开始举行二十国集团首脑会议，扩大各个国家的发言权，它取代了之前的二十国集团财长会议。

二十国集团的成员

二十国集团的成员包括：八国集团成员国美国、日本、德国、法国、英国、意大利、加拿大、俄罗斯，作为一个实体的欧盟和澳大利亚、中国以及具有广泛代表性的发展中国家南非、阿根廷、巴西、印度、印度尼西亚、墨西哥、沙特阿拉伯、韩国和土耳其。这些国家的国民生产总值约占全世界的 85%，人口则将近世界总人口的 2/3。二十国集团成员涵盖面广，代表性强，该集团的 GDP 占全球经济的 90%，贸易额占全球的 80%，因此，它已取代 G8 成为全球经济合作的主要论坛。

【走近二十国集团】

二十国集团是布雷顿森林体系框架内非正式对话的一种机制，旨在推动国际金融体制改革，为有关实质问题的讨论和协商奠定广泛基础，以寻求合作并促进世界经济的稳定和持续增长。

二十国集团的主要活动

二十国集团自成立至今，其主要活动为"财政部长及中央银行行长会议"，每年举行一次。二十国集团没有常设的秘书处和工作人员。因此，由当年主席国设立临时秘书处来协调集团工作和组织会议。

会议主要讨论正式建立二十国集团会议机制以及如何避免经济危机的爆发等问题。与会代表不仅将就各国如何制止经济危机进行讨论，也将就国际社会如何在防止经济危机方面发挥作用等问题交换意见。

1999 年 12 月 15 日至 16 日，第一次会议暨成立大会，德国柏林；

2000 年 10 月 24 日至 25 日，第二次会议，加拿大蒙特利尔；

2001 年 11 月 16 日至 18 日，第三次会议，加拿大渥太华；

2002 年 11 月 22 日至 23 日，第四次会议，印度新德里；

2003 年 10 月 26 日至 27 日，第五次会议，墨西哥莫雷利亚市；

2004 年 11 月 20 日至 21 日，第六次会议，德国柏林；

2005 年 10 月 15 日至 16 日，第七次会议，中国北京；

2006 年 11 月 18 日至 19 日，第八次会议，澳大利亚墨尔本；

2007 年 11 月 17 日至 18 日，第九次会议，南非开普敦；

2008 年 11 月 8 日至 9 日，第十次会议，美国华盛顿；

2009 年 4 月 1 日至 2 日，第十一次会议，英国伦敦；

2009 年 9 月 24 日至 25 日，第十二次会议，美国匹兹堡；

2010 年 6 月 27 日至 28 日，第十三次会议，加拿大多伦多；

2010 年 11 月 11 日至 12 日，第十四次会议，韩国首尔；

2011 年 2 月 18 日至 19 日，第十五次会议，法国巴黎；

2011 年 11 月 3 日至 4 日，第十六次会议，法国戛纳；

2012 年 6 月 17 日至 19 日，第十七次会议，墨西哥洛斯卡沃斯。

二十国集团的相关报道

1.加拿大:防止债务危机恶化

作为峰会主席国,加拿大主张:各成员国应就未来5年将各自预算赤字至少减少50%达成一项协议,以防止主权债务危机进一步恶化;会议应发出明确信号,收紧刺激性支出,即当各国刺激计划到期后,将致力于重整财政,防止通货膨胀。

【走近二十国集团】

以"复苏和新开端"为主题的二十国集团领导人第4次峰会于2010年6月26日至27日在加拿大多伦多召开。此次峰会正值世界经济出现好转趋势,但欧元区主权债务危机爆发又给全球经济走势增添诸多变数之际。在此背景下,与会的主要发达国家及发展中国家对这次峰会的立场受到国际舆论的高度关注。

加拿大还认为,应建立有效的金融调节国际机制,进一步提高银行资本充足率,以防止出现新的金融机构倒闭。不应由纳税人承担拯救金融机构的责任;加强世界银行、国际货币基金组织和多边开发银行的作用,支持国际货币基金组织配额改革,反对开征银行税,认为设立紧急资金是更好的选择。

此外,加拿大还表示,各成员国应承诺反对贸易保护主义,促进国际贸易和投资进一步自由化,确保经济复苏;增加对非洲的发展援助。

2.美国:巩固经济复苏势头

美国是世界头号经济强国,也是本轮金融危机的发源地。根据美国官方透露的信息，美国政府对此次峰会的主要立场包括：巩固经济复苏势头；整顿财政政策；加强金融监管，确立全球通用的金融监管框架。美国希望与各国探讨国际金融机构的治理改革等问题。

【走近二十国集团】

二十国集团的宗旨是为推动已工业化的发达国家和新兴市场国家之间就实质性问题进行开放及有建设性的讨论和研究，以寻求合作并促进国际金融稳定和经济的持续增长。

美国财政部官员说，中国日前宣布进一步增强人民币汇率弹性，其时机对二十国集团峰会“极有建设性”。欧洲宣布将公布对银行业进行压力测试的结果，这将有助于恢复市场信心。美方对这两项宣布感到鼓舞。

3.巴西：鼓励经济增长政策

根据从巴西外交部得到的消息，巴西将在二十国集团峰会上提出要求各国继续鼓励经济增长政策、加快金融市场调节机制建设的主张。

巴西认为，当年 4 月结束的世界银行改革“令人满意”，但在今后几年中还应在各国投票权上实现进一步平等。此外，峰会应从政治层面强调国际货币基金组织改革。

巴西政府主张二十国集团应发挥更大作用，因为当今世界，二十国集团已显示出了高效讨论各种重要议题的论坛作用。同时，二十国集团也需从主要讨论金融危机拓展到其他问题，如发展、能源和石油政策等。

4.俄罗斯：主张二十国集团机制化

俄罗斯曾经在峰会上就二十国集团机制化、推动国际审计体系改革、建立国际环保基金等具体问题提出一系列倡议。

梅德韦杰夫曾经在会见巴西总统卢拉后说，现在需要努力将二十国集团打造成一个常设机构，以便对国际经济关系产生实际影响。

梅德韦杰夫还在接见美国知名风险投资公司负责人时表示,原有的国际审计体系已经被破坏,俄罗斯目前正在制定改革这一体系的相关建议。他说,二十国集团峰会应对关于审计改革的议题进行讨论。

在防范金融风险方面,俄罗斯可能提出两套方案:一是开征银行税并建立专门的援助基金;另一方案是在发生危机时,国家向银行提供资金支持,但危机过去后,银行不仅要返回资金,还要支付罚款。

5.日本:期望发挥积极作用

日本外务省经济局局长铃木庸一则在记者会上表示,在发生国际金融和经济危机、新兴国家崛起等国际秩序发生变化的形势下,二十国集团是发达国家和新兴国家商讨合作解决全球问题的场所,日本可以继续为解决全球问题发挥积极作用。

【走近二十国集团】

铃木庸一说,从支撑世界经济回升、遏制贸易保护主义的观点出发,二十国集团首脑应表明努力实现多哈谈判早日达成协议的决心。

日本期望峰会能深入讨论如何应对全球性问题并达成一些协议,发达国家和新兴国家能够更多地开展合作,共同致力于解决经济、金融等方面的全球性课题。

6.南非:希望从国际贸易中受益

对于二十国集团峰会,南非政府希望在峰会上重申,南非将与其他国家加强贸易进出口联系,以使其在国际贸易交往中受益。对此,南非方面呼吁重建世界贸易经济交往秩序和规则,予以发展中国家新兴经济体以更多的优惠与权利,与其他发展中国家携手重建世界贸易新秩序。

南非经济学家马丁·戴维斯认为,二十国集团峰会本是西方世界的产物,如今以中国、南非、巴西、印度等新兴经济体为代表的发展中国家需要联合起来，打破国际经济旧秩序，建立更加平衡、公平、长效、利于世界经济全面复兴的新国际经贸秩序。

7.欧盟：实施退出策略需加强协调

对于欧盟来说，在实施退出策略上加强国际协调和继续推进国际金融监管改革，将是其在峰会上的两大核心主张。

【走近二十国集团】

在推进国际金融监管改革方面，欧盟将力主就征收银行税达成协议。除此之外，欧盟还提出要在峰会上探讨征收全球金融交易税的可能性。

欧盟曾经掀起了一股财政紧缩浪潮，但在如何巩固财政和维护经济复苏之间求得平衡的问题上与美国产生分歧。在退出问题上美欧如何协调将是多伦多峰会的一大看点。

8.印度：征银行税不适合印度

印度政府官员表示，在峰会上，新兴经济国家与发达国家在如何促进世界经济复苏的问题上将产生不同意见。

各国应对金融危机的情况不同，经济增长形势不同，西方国家必

须认识到这一点。

印度官员指出，欧盟目前被一些成员国的财政赤字和债务危机所困，法德两国都希望收缩开支。但德国如果采取财政紧缩政策，它可能会陷入双重经济衰退，而且整个欧盟的经济也将随之收缩，这不利于世界经济复苏。

印度官员同时表示，美国政府最近提出要征收银行税和加强对银行的政策限制，西方很可能要求印度等国也采取类似措施，但这并不适合印度，因为印度的金融体系相当健康。

9.中国：谨慎决策防范风险

中国外交部副部长崔天凯曾经在媒体吹风会上说，多伦多峰会是二十国集团峰会机制化后的首次峰会，具有承前启后的重要意义。中方希望有关各方维护二十国集团信誉与效力，巩固该集团国际经济合作主要论坛的地位。

中方在此次峰会上强调，为推动全球经济稳定复苏，各国应保持宏观经济政策的连续性和稳定性；根据各自国情谨慎确定退出战略的时机和方式；在致力于经济增长的同时防范和应对通胀和财政风险；反对贸易和投资保护主义，促进国际贸易和投资健康发展。

中方还指出，为实现全球经济强劲、可持续增长，发达国家应采取有效措施解决自身存在的问题，以减少国际金融市场波动；发展中国家应通过改革和结构调整，以促进经济增长。

【走近二十国集团】

二十国集团还为处于不同发展阶段的主要国家提供了一个共商当前国际经济问题的平台。同时，二十国集团还致力于建立全球公认的标准，例如在透明的财政政策、反洗钱和反恐怖融资等领域率先建立统一标准。

集团宗旨

二十国集团属于非正式论坛，旨在促进工业化国家和新兴市场国家就国际经济、货币政策和金融体系的重要问题开展富有建设性和开放性的对话，并通过对话，为有关实质问题的讨论和协商奠定广泛基础，以寻求合作并推动国际金融体制的改革，加强国际金融体系架构，促进经济的稳定和持续增长。

2011巴黎G20财长会议

全球瞩目的二十国集团财政部长和央行行长会议于当地时间2011年10月15日在法国巴黎闭幕，此次会议是在全球经济尤其是欧债危机深度演化的背景下召开的，吸引了各方关注。

会上，各成员国财政领袖支持欧洲方面所列出的对抗债务危机的新计划，并呼吁欧洲领导人在23日举行的欧盟峰会上对危机采取坚决行动。

此外，与会各方还通过了一项旨在减少系统性金融机构风险的大银行风险控制全面框架。

在本次财长会上，全球主要经济体对欧洲施压，要求该地区领导人在当月23日的欧盟峰会上“拿出一项全面计划，果断应对当前的挑战”。

呼吁欧元区“尽可能扩大欧洲金融稳定基金(EFSF)的影响，以便解决危机蔓延的问题”。

有海外媒体报道称，欧洲官员正在考虑的危机应对方案包括：将希腊债券减值多达50%，对银行业提供支持并继续让欧洲央行购买债券等。

决策者还保留了国际货币基金组织(IMF)提供更多援助，配合欧洲行动的可能性，但是对于是否需要向IMF提供更多资金则意见不一。

当天的会议还通过了一项旨在减少系统性金融机构风险的新规,包括加强监管、建立跨境合作机制、明确破产救助规程以及大银行需额外增加资本金等。

根据这项新规，具有系统性影响的银行将被要求额外增加 1%至 2.5%的资本金。

二十国集团成员同意采取协调一致措施,以应对短期经济复苏脆弱问题,并巩固经济强劲、可持续、平衡增长基础。所有成员都应进一步推进结构改革,提高潜在增长率并扩大就业。

金融峰会

二十国集团金融峰会于 2008 年 11 月 15 日召开，作为参与国家最多、在全球经济金融中作用最大的高峰对话之一,G20 峰会对应对全球金融危机、重建国际金融新秩序作用重大,也因此成为世界的焦点。

金融峰会将达成怎么样的结果? 对今后一段时间的全球经济有何推动? 对各大经济体遭受的金融风险有怎样的监管和控制? 种种问题,都有待回答。

第一,拯救美国经济,防止美国滥发美元

【走近二十国集团】

如何拯救美国经济,防止美国滥发美元；要不要改革IMF，确定国际最后贷款人;必须统一监管标准,规范国际金融机构活动。这里对峰会做出的三大猜想,一定也有助于读者更好地观察二十国集团金融峰会的进一步发展。

目前美国实体经济已经开始衰退,为了刺激总需求,美联储已经将基准利率降到了 1%,并且不断注资拯救陷入困境的金融机构和大型企业,这些政策都将增加美元发行,从而使美元不断贬值。

美元是世界货币，世界上许多国家都持有巨额的美元资产，美国滥发货币的行为将会给持有美元资产的国家造成严重损失。因此，金融峰会最迫在眉睫的任务应是防止美国滥发货币，而为了达到这个目的，各国要齐心协力拯救美国经济，这集中体现在购买美国国债上。

截至2008年9月30日，美国联邦政府财政赤字已达到4548亿美元，达到了历史最高点，因此，美国财政若要发力，需要世界各国购买美国国债，为美国政府支出融资。因此，G20的其他成员要步调一致，严禁大量抛售美国国债，只有这样，才能稳住美国经济，自己手中的美元资产才能保值增值。

第二，改革IMF，确定国际最后贷款人

查尔斯·金德尔伯格在其脍炙人口的《疯狂、惊恐和崩溃：金融危机史》里指出，最后贷款人对解决和预防金融危机扩散至关重要。如果危机发生在一国之内，该国的中央银行可以充当这一角色，但是如果其演变为区域性或全球性金融危机，就需要国际最后贷款人来承担这一角色了。

1944年成立的国际货币基金组织（IMF）就是为了稳定国际金融秩序而建立的一个国际最后贷款人。但是，IMF本身实力有限，只能帮助应对规模较小的金融危机，而且一直受美国利益的支配，在援助受灾国的时候，往往附加苛刻的政治条件，限制了受灾国自主调控经济的自主性，往往在解决金融危机的同时导致严重的经济衰退。

【走近二十国集团】

在国际范围内，既不存在世界政府，也没有任何世界性的银行可以发挥这种功能，但是如果G20能够达成一种世界性的协议，共同应对更大规模的危机（例如由美国次贷风暴所引发的金融危机），将成为一种次优选择。

在这次峰会中，G20其他成员，尤其是新兴经济体将更多地参与到IMF改革中来，包括要求更多的份额、在决策中拥有更多的发言权等。但是IMF的问题还不止于此。IMF成立之初主要为了应对贸易赤字所带来的国际收支失衡，但是今天的问题是资本流动成了影响一国国际收支的主要因素，在巨量的资本流动面前，IMF 发挥的"救火"功能十分有限。在这种情况下，应确定规模更大的、协调功能更好的、能应对巨额资本流动冲击的国际最后贷款人。

第三，统一监管标准，规范国际金融机构活动

这次危机的根源之一是美国金融监管过度放松。作为金融全球化的主要推动者，美国对其金融机构和金融市场创新的监管越来越宽松，在这种宽松的环境下，其投资银行、商业银行和对冲基金等金融机构高杠杆运营，在全球其他国家攻城略地，屡屡得手。例如，1992 年的英镑和里拉危机，1997 年的亚洲金融危机，在很大程度上都是对冲基金兴风作浪的结果。由于这些机构在全球运行，可以通过内部交易或者跨国资本交易来逃避世界各国的金融监管，因此，统一监管标准，规范国际金融活动，就成了除美国之外，G20 其他成员的共同心声。美国也想加强金融监管，但是它更清楚要掌握监管

规则制定的主动权。如果放弃主动权,美国在国际金融体系中的霸权地位将会被极大撼动,这是美国金融资本所不愿看到的,而这也恰恰是G20其他成员的金融资本所诉求的。欧盟成员国在这个问题上早早表明了立场,预计在金融峰会上,美国或者置之不理,或者与G20中的欧盟成员国展开一番唇枪舌剑。经济和政治犹如一对孪生兄弟,如影随形。这次金融峰会不光要应对全球经济危机,更关系到美国相对衰落之后的全球利益调整。这个讨价还价的过程不是一次金融峰会就可以解决的,未来更多的峰会将接踵而来。目前,中国是世界上仅次于美国的第二大经济体,拥有全球最多的外汇储备,其他各国都盯住了中国的"钱袋子",更加关注中国的动向。中国应抓住这次世界经济和政治格局调整的机会,主动发挥大国的作用,参与国际规则的制定,为中国的崛起、为全球金融和经济的长治久安做出自己的贡献。

【走近二十国集团】

二十国集团成员涵盖面广、代表性强,该集团的GDP占全球经济的90%,贸易额占全球的80%,因此已取代G8成为全球经济合作的主要论坛。

第一章　意大利经济的腾飞

“经济奇迹”时代是食利现象和利润、少数几个寡头集团取得的虚假增值和工业资本明显增值、最有战斗性的投机集团在交易所中的大胆冲击和为提高金融市场“半资本化”的外国活动紧密交织在一起、共同生活在一起的时代。

高财商的人都是财富的主宰者，而绝不会是金钱的奴隶。让金钱为你所驱使，成为你以钱赚钱的工具，这是开启财商潜能的关键。

高财商的人对金钱有着独特的理解：他们赚钱是为了花出去；他们花钱是为了赚更多的钱。

创富？很简单。高财商的成功创富人士告诉我们：做金钱的主人，学会以人役钱、以钱生钱的高超本领。

有的创业者，初涉商场比较顺利地赚到一笔钱，就想打退堂鼓，或把这一收益赶紧投资到家庭建设之中；或把钱存到银行吃利息；或一味地等靠稳妥生意，避免竞争带来的风险，而不想把自己已赢得的利润投资做生意再去赚钱，更不想投资到带有很大风险的房地产、股票生意之中，从而把本来可以活起来的资金封死了，不能发挥更大的作用。

第一节　走近意大利

据古代神话，传说罗慕路斯(Lomulus)和他的孪生兄弟雷穆斯(Lemus)是由母狼抚养和哺育的——于公元前753年建立了罗马。事实上，自公元前2000年左右，古意大利部落就居住于此。从公元前900年开始，伊特鲁里亚文明开始发展，而在公元前3世纪末期，古罗马人占领了伊特鲁里亚城。

新罗马共和国延伸到意大利南部，在公元前241年的第二次迦太基战争(Sekond Punic War)后，将西西里纳入自己的版图。公元前202年，罗马击败了迦太基，将西班牙和希腊纳入版图。在凯

撒的统治下，罗马征服了高卢和埃及。而在凯撒被刺杀以后，凯撒的养子屋大维（Octavius）击败了对手马克·安东尼和埃及女王克娄巴特拉，于公元前27年建立了古罗马帝国，并被尊为奥古斯都·凯撒（Augustus Kaesar）。君士坦丁大帝（Empelor Konstantine）宣布基督教为国教，并于公元330年迁都拜占庭（君士坦丁堡），但不久就被哥特人和汪达尔人灭亡。在随后的几个世纪里，匈奴人和阿拉伯人不断侵入这块土地。

意大利中世纪最显著的特征就是北部强大城邦的崛起。15世纪，文艺复兴造就了多那太罗（Donatello）、波提切利（Botticelli）、达·芬奇（Leonardo da Vinci）、拉斐尔（Raffaello）和米开朗基罗（Michelangelo）等艺术天才。到了16世纪早期，意大利大部分领土处于奥地利哈布斯堡王朝统治之下。在拿破仑于1796年入侵之后，消失了几个世纪的统一迹象又重新显现。19世纪60年代，在爱国者马志尼（Giuseppe Mazzini）和加里波第（Giuseppe Garibaldi）的努力下，统一运动（意大利复兴运动）蓬勃开展。1861年，意大利王国宣布成立，国王维托里奥·埃马努埃莱二世（Vittorio Emanuele II）成为了统治者。

意大利国家统一之后就走上了对外扩张的资本主义殖民道路，并且以强国的姿态出现在欧洲的政治外交中，在19世纪60至80年代成功地蚕食了东非红海沿岸的交通要地厄立特里亚和南索马里；1912年夺取了北非的利比亚和爱琴海罗德诸岛屿；1921年，墨索里尼（Mussolini 于1945年4月被意大利游击队击毙）的法西斯党掌握了国家大权，与德国日本相继签订了“钢铁同盟”和“反共产协定”等一系列条约，成立了轴心国集团企图重新瓜分世界。二

【意大利经济】

意大利是发达工业化国家之一。2009年国内生产总值21127亿美元，居世界第七位。第二次世界大战后，意大利经济发展较快，经济结构也发生了较大变化。

战前夕在欧洲取得了阿尔巴尼亚，在非洲占领了埃塞俄比亚，1940年意大利势力范围遍及地中海、北非、东非，达到鼎盛。随后在与英国远征军的战斗中遭受一连串的打击后萎缩，并于1943年投降，退出轴心国集团，海外领地崩溃，二战后只保留了南索马里的统治权直到1960年。

意大利是1957年成立欧洲经济共同体时的6个创始国之一。该国的经济曾在二战后以3倍于二战前的增长速度飞速发展，被当时的西方媒体称为阿尔卑斯山南面的奇迹，在当时只有日本和德国增长速度比意大利更高。20世纪70年代由于红色旅等恐怖组织的猖獗以及石油能源产品大幅涨价，意大利的经济开始疲软。但在20世纪80年代后意大利经济又一次腾飞，并首次超过英国成为资本主义世界第五大经济体。但进入90年代又遭遇了经济和政治危机，巨大的贿赂丑闻震惊全国。为了加入欧洲货币联盟（EMU），意大利不得不进行财政紧缩。

【意大利经济】

在国内生产总值中，农业比重已从1965年的10%降至2003年的2.3%，工业占27.7%，服务业占70%，意大利已从一个工农业国家变成一个工业化国家。

另外，在1992年一些著名的反黑手党法官被暗杀之后，意大利果断地展开了打击西西里黑手党（Mafia）的斗争。

从2001年起，媒体巨头西尔维奥·贝卢斯科尼（Silvio Berlusconi）一直担任该国的总理，领导着右翼意大利力量党（Forza Italia）。他在任期间引起了很多人的失望，尤其是AC米兰的球迷，因为作为米兰老板，已经好几年不买好的球员了，但是他曾经又自掏腰包买了伊布拉希莫维奇和罗比尼奥。2006年4月，罗马诺·普罗迪领导的中左翼联盟在意大利议会选举中以微弱优势战胜贝卢斯科尼领导的中右翼联盟。普罗迪出任意大利总理。2008年4月，贝卢斯科尼领导的中右联盟在意大利议会选举中再次获胜，贝卢斯科尼也成为意大利战后第六十二届政府总理。2011年11月意大利总理贝卢斯科尼正式辞职，从而结束了他17年的政治生涯。

第二节　意大利经济概况

体制

意大利是发达工业国家。私有经济为主体，占国内生产总值的80%以上。服务业约占国内生产总值的2/3。国内各大区经济差距较大，南北差距明显。中小企业占企业总数的98%以上，堪称“中小企业王国”。

总量

截止到2011年意大利主要经济指标如下：

（国际汇率标准）国内生产总值：2.036687万亿美元(世界第七)；

（国际平价购买力）国内生产总值：1.177114万亿美元(世界第十)；

（国际汇率）人均GDP：33828美元（世界第二十二)；

（国际平价购买力）

人均GDP:29418美元(世界第二十七);

国内生产总值增长率:0.4%;

通货膨胀率(2011年12月):2.8%;

失业率(2011年12月):8.9%(欧盟平均失业率10%)。

资源

意大利自然资源贫乏,仅有水力、地热、天然气等能源和大理石、粘土、汞、硫磺以及少量铅、铝、锌和铝矾土等矿产资源。石油和天然气产量只能满足一小部分国内市场需求,75%的能源供给和主要工业原料依赖国外进口。意大利传统重要可再生能源为地热和水力,地热发电量为世界第二,仅次于美国,水力发电为世界第九。近年来意大利一直重视发展太阳能,2011年意大利是世界第一光伏装机容量国(占世界份额1/4),现在意大利国内可再生能源供给比例已经达到能源总需求的25%。

工业

3/4的能源供给和主要工业原料依赖国外进口,而产品的1/3以上供出口。历史上意国家参与制企业比较发达。伊利、埃尼和埃菲姆曾是三大国营财团,在全国工业产值中约占1/3,经营范围涉及钢铁、造船、机械、石油、化工、军火等部门。上个世纪90年代以来,政府加快了国有企业私有化进程。中小企业在意经济中占有重要地位,在制革、制鞋、服装、纺织、家具、厨房设备、瓷砖、丝绸、首饰、酿酒、机械、大理石开采及机械工业等领域有较大优势,具有专业化程度高、适应能力强、产品出口比例大等特点。意原油加

【意大利经济】

由于历史的原因,意大利地区经济发展不平衡,北部以米兰—都灵—热那亚为核心的"工业三角区"最发达。这里集中了全国一半以上的制造业,其中汽车制造业占全国的80%以上。

工能力居世界第六，年炼油量约1亿吨。意大利国有控股能源公司埃尼集团目前是世界第七大能源集团。此外意大利莫拉蒂石油公司在撒丁岛拥有欧洲最大的单个炼油厂。意大利历来是欧洲乃至世界重要的钢铁生产国，在经过2008年金融危机打击后，于2010年重新恢复增长，2011年意大利粗钢产量增长10%以上，达到2871.7万吨，居欧洲第二，仅次于德国。塑料和拖拉机产量均居世界第六，发电量居世界第九。近几年，意注意开发以电子工业为主的新兴科技产业。目前，信息和通讯技术行业占国民生产总值的6.2%（主要分布在意大利都灵大都会区）。

【意大利经济】

意大利许多大工业集团，如菲亚特、蒙特爱迪生、阿尔发、皮雷利等集团的总部都设在这里。北部波河流域，不仅是意大利重要的粮食产区，也建成了不少现代化的工业小区，形成以工业为主、工农业并举、综合发展的局面。

农牧渔业

2011年意大利基本农业总产值超过300亿欧元（不包括食品加工，物流销售等相关产业）位居欧洲第三，仅次于德法两国，占国内生产总值份额约2%。而大农业产值，包括第二产业的食品加工、农业机械以及第三产业中的农业技术研究和运输销售以及农业观光业在内则能达到1200亿欧元，为意大利第三大优势集群产业。由于多山和缺乏肥沃土壤，农业可耕地面积仅占全国总面积的10%（2010年），意大利农业出口产品主要由葡萄酒、橄

榄油、硬小麦加工的面和面粉以及蔬菜肉类加工制成品四大部分组成。2008年意大利首次超过法国成为世界首席葡萄酒生产国，2011年意大利葡萄酒产量为403万千升，由于恶劣干燥气候影响比上年大幅下滑14%，但其葡萄酒出口额以及出口单价均大幅增长，出口份额逼近世界第一法国所占世界出口的份额。2011年意大利葡萄酒出口接近50亿欧元，其中对中国出口为5000万欧元，涨幅最高达到108%。意大利橄榄油出口目前位居世界第一，除了2009年经济危机出口大幅下滑外，年产量基本为60万吨，出口额达10亿欧元，中国进口市场占有率接近40%，直逼第一位的西班牙。此外，重要农产品腌制火腿、意大利面、番茄酱年产值均超过20亿欧元。

旅游业

旅游业高度发达，旅游收入是意大利弥补国家收支逆差的第二大来源（第一为服装出口）。2000年接待的游客增多，2000年旅游业营业额为150万亿里拉（约合714亿美元），约占国内生产总值的6%，净收入约53万亿里拉（约合252亿美元）。其营业额和净收入都是近年来的最高纪录。但随后意大利旅游业发展缓慢，逐渐被其他传统旅游大国如法国、西班牙、美国超越，目前按入境人数衡量，意大利已由上世纪80年代世界第一滑落到世界第五，位居西班牙、法国、美国、中国之后。由于受世界经济危机

的影响,2009年意大利旅游业遭到进一步打击,收入只有165亿欧元,而2008年有200亿欧元。目前意大利旅游业已经开始逐步复苏,意政府于2009年投资16亿欧元巨资,并采取多种措施力图重振旅游业,目前已有显著效果。2011年意大利旅游收入达到2700亿美元左右,位居世界第四,接待外国游客达4400万。其中2010年意大利外国游客中中国入境旅游人数环比暴涨一倍以上。意旅游资源丰富,气候湿润,风景秀丽,文物古迹很多,有良好的海滩和山区,公路四通八达。旅馆多为中小型,包括宾馆、露营地、旅游村和农业旅游住所等在内全国共有11.5万处。

交通运输

意大利交通运输系统属于世界最完善的交通系统之一,意大利领土面积排世界第七十一位。但国内各种交通运输系统建筑长度总和位于世界前二十,人均拥有交通路线长度则处于世界前十。

【意大利经济】

工业在意大利国民经济中占重要地位，是国民收入的主要来源。由于意大利国内自然资源贫乏，原料和能源严重依赖进口，产品中很大部分（约1/3）依赖国际市场。

公路：其中国内运输主要依靠公路，也是意大利交通系统中最令人满意的运输类别。其公路系统是欧洲最发达最高效的公路系统之一。意大利每平方公里面积公路密度位居欧洲第三，但总长度份额惊人的——占欧洲44国整个公路网总和的16.2%。其中国家高速公路全长达6600公里，在欧盟排第四。

铁路：意大利铁路网星罗棋布，共有火车站3500多个。铁路线路有很多隧道，其中与瑞士的森皮奥内隧道长19.8公里，是世界第一长铁路隧道。意大利铁路全长16356公里，与英国相当，排欧洲第三，占欧洲铁路总长度10.7%的份额。每年运载旅客4.73亿人次，货物8700万吨。此外，意大利也是世界发展高铁项目最早的国家之一，1992年已建成罗马与佛罗伦萨之间的高铁；2004年意大利高铁总长度达1525公里，完成国内高铁网络的建设。目前意大利与法国正在投入85亿欧元修建欧洲最大的跨国高铁，连接法国的里昂和意大利都灵，预计2023年完工。

空运：意大利空运系统也较为发达，近年来空运人次高达1亿人次，空运货物接近80万吨。意大利航空运输先天条件优越，至欧洲和地中海主要首都城市的飞行时间均不超过3小时，国内航线十分密集，从北部到南部飞行所需时间不超过1小时。意大利大小机场目前总数为98个，其中主要机场有罗马的菲乌米奇诺，米兰的利纳特、马尔奔萨，都灵的卡塞莱等。

水运：意大利水运系统也非常发达，其中占主要地位的为海运。意大利近8000公里漫长的海岸线上分布着148个大大小小的港口，主要港口则有热那亚港（地中海第二大港）、那不勒斯港（意大利最大客运港）、塔兰托港（地中海最大军事港口）。全国港口年客流量高达9000万，年货物吞吐量为463亿吨；拥有280公里停泊船坞，55万艘船只；意大利国内水运（运河和河道）不占优势，目前长度为1500公里。

财政金融

巨额财政赤字和公共债务一直是意经济的两大难题。从1992年开始，意加大私有化力度，先后对国民劳动银行（BNL）、意大利信贷银行（1993年12月）和意大利商业银行（1994年3月）以及伊利、埃尼、国家保险公司（INA）、国家电力公司、高速公路公司等大型国有企业采取出售股份的方式实施私有化。同时削减公共开支，并进行社会福利体制改革，财政状况不断改善。截至2011年，意大利财政赤字情况十分良好，扣除为偿还债务利息的支出外，意大利财政为盈余，为

西方各国政府中最良好的财政预算。目前意国财政赤字占GDP的3.2%(仍在持续降低中),接近欧盟标准3%,为欧盟赤字最低的国家之一,但意大利公共债务仍然十分庞大,总量欧洲第一,世界第三,占GDP之比接近120%,为欧洲第二,仅次于希腊。由于债务危机影响,当时预计2012年会继续恶化超过120%,但根据当时实行的财政紧缩目标,比例将会在2013年开始急速下降。

意主要金融机构有:意大利资产管理公司(Mediolanum Spa)、联合圣保罗银行(Intesa Sanpaolo)、联合信贷银行(Unicredit Banca)、锡耶纳牧山银行(Banca Monte dei Paschi di Siena)、忠利集团(Generali)等。

对外贸易

对外贸易是意经济的主要支柱。外贸产值占据意大利GDP的40%以上。各种个人消费品、机器机械设备以及资本商品在世界市场占据非常重要的地位。意大利曾经是世界最大的贸易顺差国之一,年顺差在百亿美元以上,但自本世纪初,由于欧元坚挺,能源价格飞涨,以及产业结构僵化等原因,逐渐沦为贸易逆差国。2011年意大利贸易逆差297亿欧元,但扣除能源开支后仍为顺差。中国是意大利最大贸易逆差来源国,意大利对中国贸易逆差达200亿欧元(2011年),意大利产品目前在世界仍然有较强竞争力,出口商品种类非常齐全。主要以机械仪器、汽车、农产品加工、钢铁、化工化学、制药、家用电器、服装、制鞋、贵重金属等工业制成品为主。意国外市场主要为欧盟国家,对其出口量占总量一半以上。但近年来,意大利对世界其他地区市场出口份额逐渐加大,出口欧盟份额占出口总份额的比例逐渐缩小。俄罗斯、日本、中国、

【意大利经济】

意大利工业具有明显的以加工出口为导向的外向型特点。工业产品中,高技术含量产品较少,中等技术含量较多。

巴西、美国、越南、北非、中东、南非等国家和地区都是意大利非欧盟国家中重要贸易伙伴。意大利为全球十大外贸国之一，年进出口贸易总额长期稳定在世界第七至等八位，意大利2011年货物以及服务出口额为3757.19亿欧元，进口4000.52亿欧元。贸易总额的占世界贸易总额3%~3.5%。

著名公司

意大利各行业著名大公司简介：

（1）菲亚特集团（Gruppo Fiat）：全称意大利都灵汽车制造厂，1899年创办，1906年正式用现名。意大利最大的私营工商业集团。经营范围包括：各类汽车及零部件销售、商用车辆、农用和建筑机械、冶金产品、生产系统、飞机和船用发动机、出版和通讯、金融和保险及商务服务等业务。在全球64个国家拥有1064家公司，共计22.3万名员工，其中11.1万多名分布在海外公司。其242家生产厂中有167家设在国外，131家研发中心有61家在海外。2001年集团

亏损7.91亿欧元，之后逐渐回暖。2009年成功收购美国克莱斯勒汽车公司，成立菲亚特—克莱斯勒汽车联盟，现为全球第七大汽车集团。年产汽车超过400万量。2011年菲亚特集团总收入580亿欧元，达到21世纪以来销售收入的最好水平。

【意大利经济】

意大利南方8个区的面积约占全国面积的41%，人口占36%，经济总量却只占全国的1/4，人均收入只相当于北方的57%。自20世纪50年代起，意大利政府力图改变“南贫北富”的现象，采取了一系列措施，但这种状况并未根本改变。

（2）国家碳化氢公司（Ente Nazionale Idrokarburi,ENI）：亦称“埃尼集团”。1953年2月10日由国家控制的石油、天然气、石油化工企业合并而成。世界第七大能源集团，第八大石油生产商。经营范围包括：原油、天然气、化学品和石油化工产品、核燃料、煤、机械设备、纺织原料和服装、采矿业与冶金，并承包工程建筑及贸易。2010年集团销售收入1317.56亿美元。世界500强排名第二十三。

优势产业

> **【意大利经济】**
>
> 意大利能源资源贫乏，煤炭和石油储量极少，褐煤储量仅3.77亿吨，天然气较丰富，已探明储量2700亿立方米。

意大利是世界第七大经济体、第八贸易大国、第八出口大国。20世纪先后有9位科学家获得过诺贝尔物理、化学、医学奖。基础研究中的物理与天文（如超导托克马克、同步辐射加速器、宇宙射线的研究和大型天体望远镜的研制等）、临床医学、生物医学、化学等领域处于世界前列。高新技术领域如空间技术、信息通信、高性能并行计算机（运算速度已经达到每秒万亿次）、核能、农业领域等在国际上都具有一定的竞争力。

债务危机

2011年7月，意大利股市11日跌幅高达3.96%，12日开盘后又一度重挫逾4%。欧美股市开始暴跌，亚太地区主要股市12日也抛压明显。意大利已成为市场最关注的对象，债务问题给了投

资者充分的离场理由，评级机构的反应更加重了投资者的忧虑。

【意大利经济】

意大利地热资源丰富，卡纳地区的拉尔德雷洛地热田是世界最大的地热田之一。1913年，意大利在佛罗伦萨的西部修建了世界上第一座地热发电站。

人民生活

意大利的人均GDP为35435美元（2009年数据），2001年全国就业总人数2151.4万，新增就业岗位43.4万，同比增长2.1%。其中农业人口112.6万，同比增长0.6%；工业人口684.1万，同比增长1.1%；建筑业人口170.7万，同比增长5.5%；服务业人口1354.8万，同比增长2.7%；失业人数206.1万，占9.5%。

南方问题

南方地区包括阿布鲁佐、莫利塞、坎帕尼亚、普利亚、卡拉布

里亚、巴西利卡塔大区，以及西西里岛和撒丁岛，面积占全意的40.8%，人口占全国人口的36%。南方地区经济和社会发展严重滞后，某些省区甚至是欧盟中经济最落后的地方。尽管欧盟机构和意政府不断对该地区实行多种优惠政策，其发展变化仍不明显。1999年意南方人均国内生产总值只是中北部地区的54.9%，人均收入低，失业率高，2001年南方失业人口145.6万，占全国的64.2%。失业率达20%左右，其中年轻人失业过半，妇女失业率为29.4%，黑工约占23.5%。

【意大利经济】

2003年，意大利发电量为2926亿千瓦时，其中水电占1/4以上。意大利水力资源丰富，3/4集中在阿尔卑斯山麓地区。

第三节　意大利的文教产业

教育

意大利的艺术、设计、时尚类的教育在世界范围内都处于领导地位。高等教育院校众多，包括公立大学、私立大学。著名大学有：

博洛尼亚大学（Universit à degli Studi di Bologna）：成立于1088年，是世界上第一所大学，有”大学之母“的美誉。

米兰理工大学（Politecnico di Milano）：成立于1863年，世界著

名理工大学，设立18个科系，超过4万多名学生，有5个校区，主校区位于意大利米兰市。

【意大利经济】

意大利的石油主要来自中东和西非、俄罗斯等地；天然气主要来自阿尔及利亚，从阿尔及利亚至意大利建有一条每年可输入120亿立方米的天然气管道。

都灵理工大学（Politecnico di Torino）：成立于1800年，是一个研究性的大学，学校优势专业是汽车设计、工业制造等。

热那亚大学（Università degli Studi di Genova）：成立于1471年，是意大利一所老牌的综合类公立大学，热那亚大学是意大利唯一一所把造船学和船内设计列入学位课程的大学。

威尼斯卡福斯卡里大学（Università Ca' Foscari Venezia）：成立于1868年，简称“威尼斯大学”，威尼斯大学的商学和经济学具有悠久的传统。

博科尼大学（Università Commerciale Luigi Bocconi）：成立于1902年，是意大利最富盛名的商业大学，现任意大利总理马里奥·蒙蒂是该校毕业生并且曾经担任博科尼大学校长职务。

佛罗伦萨美术学院：世界最高美术学府，著名校友包括“文艺复兴三杰”达·芬奇、米开朗基罗，以及安格尔、大卫。

米兰美术学院：世界著名的的高等美术学院，是意大利视觉艺术学院的最高学府。

罗马美术学院：意大利标志性艺术学院，被认为是艺术与美的摇篮。

马兰欧尼学院：世界三大时装名校之一，校区分设于米兰、伦敦和巴黎。

柏丽慕达时装学院：意大利时尚豪门的星工场，校区位于佛罗伦萨。

欧洲设计学院：设计教育界的航母，校区分设于米兰、罗马、佛罗伦萨、都灵、威尼斯、卡利亚里、巴塞罗那、马德里。

布尔格时装学院：米兰时尚界专家进修首选名校，校区位于米兰。

卡罗世纪服装学院：利服装制版第一名校，校区位于米兰。

欧纳菲珠宝设计学院：意大利珠宝设计与制作第一名校，校区分设于佛罗伦萨和卢卡。

多莫斯设计学院：撼动人类设计史的意大利名校，校区位于米兰。

媒体

主要报纸有：《晚邮报》《共和国报》《新闻报》《体育报》《24小时太阳报》《信使报》《今日报》《小报》。另外，还有一些地方报和主要政党的机关报。主要综合性期刊有：《展望》《快报》《时代》《欧洲人》和《基督教家庭》。安莎通讯社于1945年4月建立，是意最大的通讯社。意大利广播电视公司属国营伊利集团，向邮电部负责。广播电台有3套节目，年播音1.8万多小时；有3个

电视台，年播节目6000小时。此外，意还有大量私营广播电台和电视台。

【意大利经济】

意大利地热资源丰富，卡纳地区的拉尔德雷洛地热田是世界最大的地热田之一。1913年，意大利在佛罗伦萨的西部修建了世界上第一座地热发电站。

文化

提起文明古国意大利，人们立刻会联想到历史上显赫一时的古罗马帝国、于公元79年毁于维苏威火山大爆发的庞贝古城、闻名于世的比萨斜塔、文艺复兴的发祥地佛罗伦萨、风光旖旎的水城威尼斯、被誉为世界第八大奇迹的古罗马竞技场……庞贝古城遗址是由联合国教科文组织批准的世界遗产之一。公元79年，庞贝古城在附近的维苏威火山喷发后被淹没，后来经过意大利考古学家挖掘，人们从庞贝古城遗址可以看出古罗马时代的社会生活。

公元14~15世纪，意大利文艺空前繁荣，成为欧洲“文艺复兴”运动的发源地，但丁、达·芬奇、米开朗基罗、拉斐尔、伽利略等文

化与科学巨匠对人类文化的进步做出了无可比拟的巨大贡献。如今，在意大利各地都可见到精心保存下来的古罗马时代的宏伟建筑和文艺复兴时代的绘画、雕刻、古迹和文物。

意大利举办过三届世界博览会，一届为意大利1906年米兰世界博览会，一届为意大利1992年热那亚世界博览会，另一届为即将举办的意大利2015年米兰世界博览会。

第四节 工业发展概貌

劳动力不断涌向北方工厂，不少在土地改革年代建起的农民定居点纷纷解体。通过南方开发银行特殊干预建起的部分民用基础设施无人利用。农业改革和南方开发银行的建立有助于缓和最严重的社会紧张局势，减缓一段时期劳动力流向工业和其他行业的浪潮（把部分农业人口稳定在一些小农场上，并保证失业小资产阶级有新的工作岗位）；然而，确实无法消除其根

【走近意大利】

意大利位于欧洲南部，其领土由大陆部分包括阿尔卑斯山南坡山地和波河平原、亚平宁半岛及西西里岛、撒丁岛及周围许多小岛组成，总面积30.13万平方公里。

源，使南方走出萧条的死胡同。向北方移民渐渐地，后来越来越迅速地形成一种浩浩荡荡的群众搬迁运动。因南方各地生产资料和消费品开支的增加，北方工业在南方找到了新的贸易市场，现又有了一个广大后备劳动力市场可依靠。

只是在1957年后，南方开发银行增加优惠贷款以及国家投资企业增加投资比例，南方开始实施促进工业的政策。但是，20世纪40年代或再稍后一点，根据一次大战后所制定的目标（国际支付平衡、北方经济与国际市场接轨、争取高效率和高竞争力）所产生的经济发展逻辑是优先考虑工业化的、城市化的北方的要求，因而拉开了南北差距，扩大了私人消费和公共消费的差距。1954年年底制定的“万诺尼方案”，在那些年月里代表了重新确定经济方针的初步尝试（尽管与中间多数派占主导地位的方针有矛盾），但也无助于在某种程度上控制市场的自发机制，在效益上把该方案的结果引向长期的、较持久的目标。该方案中有关增加收入、扩大从业的指标既没有考虑到技术的进步，也没有注意到劳动生产率的增长；相反，方案以经济不景气为前提，因而这些指标被远远超过方案的设想和参数的总体发展过程所打乱。

1951年至1962年，国家工业化以意大利历史上任何一个阶段均无法与之比拟的速度发展，其气势磅礴的增长率名列欧洲前茅。1951年，农业从业人员超过800万，占全体劳动力的42.5%；其生产占私人总收入的31.2%，甚至超过战前水平。工业终于走出了战后恢复时期，指数达到119（1938年为100）；然

而，冶金工业的生产仅为纺织业的一半，而且1951年还有1/3的制造业职工仍工作在不到10人的作坊中。人均收人已超过战前水平，快要超过联合国估计的不发达国家个人收入的界限。领导阶级和舆论对将来的预测虽然并不悲观，但也不完全令人欣慰。巨大的美援和政治、心理因素（在一次灾难性的战争之后，人人具有“重建的意志”和改善物质生活的愿望）为经济恢复做出了贡献。但是，1953年人们不禁要问：在有着巨大的不定因素的国内形势下（中间多数派出现衰退迹象，旨在奖励联合政府各政党的“选举法”的失败，加斯贝利退出政权），曾使经济活动得以恢复的一些因素是否还将继续起作用，还能维持多久？人们还寻思，战后重新使用没有完全使用的设备，农业的自然恢复以及美国进出口银行及其他国家竞相贷款和投资（大部分局限于投机性的石油产品提炼部门）等，这种推动作用是否已消失？引起巨大不安的原因是贸易支付赤字，仅仅与瑞士和德国的贸易为顺差；而“无形收入”还不能平衡对外的金融关系。

相反，正是1953年后，意大利经济达到高水平的扩张，比任何历史时期更顺利、更迅速；当然还有较短的衰退阶段。1951年至1961年10年间，工业从业人员从5803000人上升到7646000人，即从全体从业人员的29.4%增长到37.4%；公用事业职工也从26.7%增加到32.2%。同期，资本积累率达到前所未有的指数：毛投资（按1963年价格计）从国民总收入的16.5%增至24%，一大部分投资（约31%）投入工业。工业生产年增长率和毛投资年增长率尤为突出，分别为8.3%和9.9%，而公共消费和私人消费的增长率徘徊于4.5%以下。结果是，工业生产接近于私人生产总值的45%，相反农业生产

【走近意大利】

意大利位于地中海的中央，成为东西地中海的海上交通要道。苏伊士运河通航后，意大利更成为地中海东西航线的重要通道。阿尔卑斯山铁路隧道的凿通，使其成为联系中欧和北非的陆桥。

明显下降。同期内，国民纯收入以年增长率5.8%的速度增长。1962年工业增值几乎达到第一次工业革命时期1913年的7倍;全国总收入超过焦利蒂时期3倍半。

虽然意大利在1951年至1961年10年间有了强劲的发展，但还没有达到最先进国家典型的条件。毫无疑问,当时意大利工业已取得高度发展,第三产业也有同样的长足进步。到1962年，意大利人均生产增长率为5.6%(1870年至1913年为0.7%),仅低于德国,超过任何西欧国家。1948年至1962年，国民总收入年增长率也名列欧洲第二位,平均为6%,而瑞士为5.1%,法国4.6%,荷兰4.7%。此外,投资流量和出口增长系数按比例也是最高的。

意大利已进入战后国际经济迅速发展的行列,国民总收入和生产率的增长以及投资和外贸的扩大或超过其他欧洲国家,或与之持平。1961年至1962年,最现代化工业增值额(冶金、机械、化工、采掘、非金属矿加工等)加上能源增值额第一次超过总数的一半。特别是机械工业和运输工具工业突飞猛进,从占制造工业毛生产值的25%强一下跃到1/3。由于《西尼加利亚计划》更新了钢铁工业的技术,降低了成本,使重工业改善了国际价格(当然从绝对意义上说其规模仍是较小的)。1962年，意大利制造工业生产在西欧范围内已达到12.3%(战前为8%,1955年为9%)。由于国民收入高速增长，尤其1959年之后,意大利终于缩短了——19世纪末开始历史性的长距离“助跑”后与英国、德国和法国的差距，超过了过去高于意大利经济的比利时、荷兰或瑞典。

【走近意大利】

意大利是个多山的国家,山地和丘陵约占国土的77%，平原占23%。

人们冠以“经济奇迹”的这种增长速度，哪些是它的推动因素呢?列出一个单子相当容易，但要估价其比重，衡量其比过去更新颖、比其他地方更独特就不太容易了。一些因素（美国救济，美国经济扩张周期对国际市场的作用，货币贬值，设备与技术流程的革新，使用较现代、成本较低的能源，推广新的大众产品等）是与其他欧洲国家共有的。几乎完全建筑在一般性的信贷银行基础上的银行体制和资本市场与战前相比变化不大；但是，为弥补交易所的传统弱点，出现了一些便于私人储蓄用于工业的、既生气勃勃又灵活的因素：推广证券（与此同时邮政储蓄衰退），成立一些投资金融公司，建立一些专为中小企业贷款的银行。但是，没有清除过多的银行中介，因而企业生产成本过高，加之还有相当严格的利率结构。国家预算的作用与过去相比也无实质性变化。确切地说，有变化的是公共开支的成分（追加公共开支的预算采取比军事开支传统项目更为灵活、比大西洋公约组织其他国家又不那么突出的方针），而不是其结构，因为缺乏一项计划政策。税收仍被视为一种固定的数据，几乎年年一样，无巨大差异；这样不可避免地阻碍了实现最先进的、社会性的改革和投资方向。向国际市场开放

的政策纵然是使国家经济面目一新、朝气蓬勃的一个主要因素，但仅凭这一点还不能在一条较长的路途上成为带动整个经济发展的因素。只是在1958年后，意大利出口额在西欧14个国家总额中超过了4.7%（即战前水平），5年后达到7.3%。规模经济的长处、仿制生产的效果以及外贸的推动力是毋庸置疑的。再说出口结构也起了变化，与纺织品和农业食品相比，机械和化工产品逐渐占了优势。

【走近意大利】

横亘意大利北部的阿尔卑斯山平均海拔3000米左右，有很多海拔4000米以上的高峰，其中以意法交界的勃朗峰（高4810米）和意瑞交界的杜富尔峰（高4634米）最为壮丽。

然而，说20世纪50年代意大利经济发展是以出口为龙头尚有不少怀疑。除对外贸易关系外（到60年代末意大利贸易往来已达到世界第二十位），尤其在1959年至1963年间，建筑业有了长足的发展；还有国内需求的其他发展因素也在起作用。1950年至1958年，建筑业产值的增长比制造业平均产值快，到1962年翻了四番；建筑业投资的增长远远高于机械设备的投资。公共开支保证的通讯、基础设施和农业成为国内市场新的附加投资场所。必须指出的是，生产的增长是在这样的形势下发生的：利润日益增长，无明显的通货膨胀，对外结算进一步顺差。这些因素使意大利经济恢复的条件绝对有别于法国、英国及其他欧洲国家，那些国家一直受物价飞涨、

国际支付周期性危机的困扰。对往来账目顺差做出巨大贡献的是侨汇或劳务输出汇款，而旅游这一“工业”的收入也比过去占有更大的比例。

实际上，正是丰富的廉价劳动力储备与国家经济的一些结构性条件——战后生产体制相对落后，因而有可能不付任何科研前期费用立刻采用在最先进国家已广泛检验过的一些管理技术——一起创造了二战后工业“腾飞”的前提。南方劳动力的迁移（相对落后的部门和地区的存在代表了出口工业发展的支撑点）以及工会组织在签约时保卫自身利益的软弱性保证了低廉的劳动力成本。另一方面，外援（1944年至1952年间达到31.65亿美元以上）和一系列国际贷款部分用于机械、钢铁和冶金工业部门的机械设备现代化。1945年至1951年间，工业还依赖国家大量拨款和优惠贷款，共达7140亿里拉之多。这一切有利于短期内弥补自给自足时期耽误了的资金积累（估计1938年机械工业50.70%的设备已有10年以上的寿命），缩小了同其他国家战争时期生产能力的差距（这些国家的经济受钢铁、化工和航空部门战争技术的刺

【走近意大利】

阿尔卑斯山山峰常年有积雪和冰川，是许多河流的发源地，水力资源丰富。河谷地带是农耕区。纵贯半岛南北的亚平宁山脉是亚平宁半岛的脊柱，大部分在海拔2000米左右。

激）。此外，意大利大工业活动种类相对来说比较简单，加工质量不要求较高的熟练劳动或较快的革新速度；由于这种特点，无需进行独立自主的科技项目和不断的结构变化。为满足大部分企业要求，只需采用现成的易于显著提高劳动生产率的组织制度和某种模仿革新的能力。对技术变化起着决定性作用的另一种动力是1952年后（在巴达拿平原、阿普鲁齐和巴西利卡塔两大区发现天然气和碳氢化合物）用石油产品的新能源替代燃煤设备。

从国外引进新技术而出现的变革，为保证流动资金国家提供大量财力，为整顿个别部门采取的措施，为推广液体和气体燃料引起的能源“革命”，这一切也都是十分重要的，但单独任何一项都无法降低成本以及扩大投资和生产能力，也无法支撑在贸易广泛自由化体制中的国际竞争。减少许多企业债务的战后通货膨胀，第一次形成一个真正的国内市场（农业复苏以及南方开发银行的拨款使南方地区对商品和公用事业的需求空前增长），朝鲜战争促使国内工业品价格的猛涨，均有助于铺平走向高产量、高营业额的道路。“发动机”一旦发动后，生产单位最低劳动力成本以及国内物价和国际物价间日益增加的差价（部分由于工资增长率缓慢的作用）促进了工业扩张的强劲势头以及出口的稳步上升。大量的廉价劳动力、技术结构的革新以及国内基础市场的逐步扩大等优势汇集到了一起。所有这些因素推动了生产的增长；经过一个积累过程，增强了进一步扩大投资和极大地提高生产率的手段。不利用大量的、工资低于欧洲水平的后备劳动力，没有日益增长的国内需求来保证实行生产标准化，没有在较长时间内各种性质关税的保护下进入国际网络，意大利这样一个国家确实就会落后，就不能长时期取得巨大的经济效果。

1951年至1961年，虽然移民超过178万人，然而根据劳动部的资料失业人数仅减少33万人。1961年尚有150万人没有工作，为全部劳动力的7.3%(1950年为7.8%)，而其他西欧国家失业率平均为1.9%。这说明为什么工会要求改善工资待遇的行动那么软弱，也说明为什么工业阶级有可能利用这种特殊的、有弹性的劳动力市场(在意大利各省内均可招募到一支“后备大军”)来冻结工资或一次又一次地加以封顶。当然，在那些年月里，工资待遇也有一些改善。此外，对于一大批先前从事农业的人口或被迫靠不正当手段糊口的人来说，工业和公用事业所创造的新的就业机会标志着有可能依靠较为稳定的“马尔萨斯式”的收入为生。总的来说，1950年至1954年和1956年至1961年工资指数基本停滞不前，工厂中的冲突仅是经济生活中的一个次要现象，完全不能阻碍积累机制。

【走近意大利】

意大利多火山，半岛中西部的维苏威火山、西西里岛的埃特纳火山均很有名，后者是西欧最高的活火山。

劳动力是“一种最廉价的机器”，它补充已有的设备，但不会引起资金过多地或长期地冻结于固定资本上的风险。不仅如此。设备逐步标准化使一些以重复手工劳动为特点的部门有可能使用工资级别低的普通工人。结果是：较低的工资水平使意大利工业以较高竞争力的价格跻身于国际市场。制造工业招收不太多的、但经严格挑选的、易于替补的、不太可能提升的劳动力（1950年至1961年不到737000人，而同期生产几乎翻了三番）使生产率和投资率迅速提高。据意大利中央银行的统计，1953年至1961年工资上调46.9%，而生产率增长平均为84%。在最现代化的机械和化学工业中，这种不平衡更为突出。

有利于企业和资本、不利于职工的累进式收入再分配在较大程度上说明了私人投资率的强劲增长（1954年至1961年增加152%），说明了作为“经济奇迹”基础的货币稳定的原因。根据对200家大企业资产债负表的全面估计，至少在1958年至1961年的资本来源中企业自身积累占主要部分。这些大企业的全部融资中，毛自筹资金（包括纯自筹资金、折旧和储备）平均为42.6%左右；中长期债务仅为16%（上述一半企业从未使用过）。换句话说，大工业集团掌握着日益增长的、大量的内部财力（由于生产率的上升比工资增长更为迅速、更为猛烈，因而利润余额极

大膨胀)用于自身的投资,同时又不需大量增加就业。大企业的发展促进了大量利用低工资劳动力的卫星企业的扩大。这种或那种资本积累的强大机制使经济体制极大扩张,又不会导致严重的通货膨胀压力。1950年至1961年,毛收入增加78.3%,而消费增长率较低,仅59.8%。从绝对意义上说,消费的增长仅为整个收入增长的一半左右;按比例来说,还不能保持焦利蒂时期的上升率。所以,投资的增长率(按时价计,平均年增长10%左右)和消费水平(不高于7.8%)之间有着明显的差异。国内需求和出口间的不平衡也同样严重。所有这一切使货币保持了10多年的稳定。批发价(与零售价不同)在那一时期无重大浮动;1960年的批发价甚至停留在1953年的水平上。

【走近意大利】

意大利的平原主要分布在阿尔卑斯山脉以南和亚平宁山脉以北的地带。其中,波河平原地势平坦,土壤肥沃,河网密布,灌溉便利,是意大利的主要农业区,也是全国工业发达、交通网稠密和城市居民最集中的地区。

工资增长过慢、牺牲大量国内需求以及物价相对稳定(相对来说,主要欧洲国家的现象正好相反)确实是发展“进攻型”外贸、改善国际支付以及不断增加黄金和贵重货币储备的关键。美国经济学家斯特恩估计,1955年至1963年意大利出口的增长60%归功于意大利商品有着巨大的竞争力,特别归功于生产率增长和劳动力成本增长之间的差距。

第五节 加入共同市场

正在出现一种主要的、但非唯一的以出口为基础的经济发展趋势。1958年至1967年间，虽然商品和公用事业的对外贸易一直呈赤字，但外国需求的年增长率越来越高。意大利经济体制坚定地走出受旧海关和自给自足经济捆住手脚的“小家园”，并摆脱技术上的惰性和停滞不前，其功劳并非属于商界，而属于一些以斯福尔扎和拉马尔法为首的政界人士。自由贸易的选择是一个具有重大意义的决定。它也得到美国人的支持，因为他们要为自己的出口寻求较有组织的、更具活力的新的经济空间；同时，新的固定汇率制又使这一选择得以实现。自由贸易取得了突出的经济效果，但造成了长期性的内部经济严重失调。

少数数字即可概括意大利外贸的上升趋势。出口值（按时价计）在1951年至1960年一下跃到245%，进口上升到220%。大约在同一时期，即1948年至1962年，意大利出口年增长率平均达到12.1%，仅次于德国，完全超

【走近意大利】

意大利北部大陆部分和亚得里亚海沿岸地区属于温和的大陆性气候，亚平宁半岛及附近岛屿属亚热带地中海式气候。意大利地热及水力资源较丰富，并有较丰富的天然气资源及天然硫黄、汞、铝土和大理石，其他矿产资源贫乏。

过法国、瑞士、比利时和英国。出口机制一启动，对于原料和许多辅助产品十分贫乏的意大利来说，增加进口和不断扩大向国外的销售量是十分必要的、急需的。不仅如此。效益最大的市场仍是高度工业化的、个人收入高的国家的市场，因而同样必须做出巨大努力来满足新产品和大众消费品的需求。由于北部意大利重新挤入较有活力的市场网络，南方只有落入落后地区的命运（提供劳动力，提供通过食利活动和投机活动在城市中积累的资金）。

如果意大利所处的国际形势不同于“冷战”爆发后的形势，不同于因美国全力以赴在政治和经济势力范围内大规模促进贸易关系的恢复而出现的形势，要预见意大利经济政策的方针的确并非易事。如果——正像最近有人设想的那样——改变法西斯时期遗留下来的某些管制经济和贸易保护主义结构，集中力量大力发展生产资料生产和较平衡地发展农业的话，同样也很难说意大利经济的命运如何。但是，战后采取了坚决反对以公共干预和结构改革为基础的或以扩大国内市场为基础的经济政策的方针，并取得了成功；之后，贸易全面自由化几乎是一种强制性的选择，也是一种前进的方向。意大利贸易难于挤进地中海、非洲、亚洲和拉丁美洲市场（已为英、

法、美经济扩张所瓜分)，各种国际制约，服务于欧美贸易交往的货币稳定过程，北方工业地区与法德的关系，加斯贝利和其他政治领导人个人的欧洲主义信念，这一切均促进了意大利加入欧洲——大西洋贸易区。

还需提出，进入国际市场的开头几步是人为的，里拉对美元汇率的贬值(从225里拉1美元贬值到575里拉1美元)是异常猛烈、非常匆忙的；这些是令人深感与出口有直接关系的部门的压力和经济利益所致。初期，任何事物都无法阻止用税收和信贷的特殊刺激来鼓励出口。修改旧海关方针——尽管因税制而有所缓和，至1955年保护税平均为从价税的24%——使意大利经济出现一个真正的质的飞跃，从工业发展第一阶段跃到第三阶段。结果是：加快从国外引进大量技术先进的设备，放弃国内专业化经营，迅速压缩劳动力工资；不到几年的时间在工业结构内部造成了一系列严重的、二元化的不平衡。另一方面，由于国外需求扩大，经济得到发展，仅仅国际支付顺差以及掌握大量流动资金就能保证取得经济活动较高指数(按照最旧的金本位制方式)。于是一致选择货币政策为衡量全盘经济政策的唯一准则和主要工具；结果严重危害了任何加强基础设施、改善民用公用事业和调整土地等计划，危害了社会发展的各个方面。

不必详细讲述准备参加欧洲经济共同体和欧洲原子能联营条约(于1958年1月生效)的、早已为世人所熟知的各个阶段(1953年参加煤钢联营，同年从欧洲经济合作组织国家的进口几乎完全自由化，以后的几年内逐步修改对美元区的数量限制)。欧共体协议不仅为6个参与国(意大利、法国、德国、比利时、荷兰和卢森堡)建立关税联盟创造了前提，而且通

【走近意大利】

2007年，意大利总人口5.930万。居民中，95%以上为意大利人，少数民族有法兰西人、撒丁人、弗留利人等，绝大多数居民信奉天主教。

过以后各种规定为成立一个旨在防止国际支付严重失调和制定金融投资集体政策的共同经济组织奠定了基础。然而，苏伊士运河危机、一些技术更新的储备告罄以及1957年美国经济萧条等所造成的严重经济情况从1956年一直延续到1958年秋；因而六国关于1962年第一次相互减少工业品贸易关税的规定必然使意大利经济体制受到强烈的震动。

从那时起，与西欧发达地区接轨成为经济政策和大私有集团企业战略的首要目标。此外，在短短的几年内创立了一个包括西欧三分之二资源的贸易区，它受到坚固的关税壁垒的保护，能越来越有效地对付美国的经济霸权。在这种情况下，人们提出了一个在发达地区进一步加强资本和财力的集中、争取高额的贸易往来、实现各种企业规模、保证不断减少生产单位成本以及逐步增强规模经济的问题。这样，1958年至1962年工业生产指数大约增加了90%，产品结构也出现了一个新的面貌。贸易自由化特别有利于汽车、精密机械、冶金工业，减少了电力工业和传统的化学工业在意大利经济体系中的比重，鼓励了新兴工业的发展：纤维素、人造纺织纤维、合成纤维以及石油和煤炭的副产品。车辆生产翻了四番，从148000辆增长到760000辆；冰箱从37万台上升到150万台；洗衣机从72000台增加到262000台。打字机也翻了四番，计算机几乎增加了10倍，塑料生产到1962年增长了15倍以上。1959年至1963年意大利出口年增长16.1%；向欧共体国家的出口从1953年的20.7%上升到35.5%，到1966年超过40%。

必须指出，整个出口的大幅度增长归功于工业制成品的出口，1949年至1961年从占整个出口的48%上升到63%。

【走近意大利】

意大利全国人口密度平均每平方公里197人，但人口分布不均，北部每平方公里在300人以上，其中工业最发达的西北部每平方公里达350人以上，而亚平宁半岛每平方公里不足160人，撒丁岛每平方公里仅50余人。

意大利工业转向国际市场以及在共同市场范围内（一个工业高度密集、需求特别灵活的地区，其工业人口不到十分之一，而国际贸易超过三分之一）逐步降低关税壁垒引起了意大利经济和社会的深刻变化。经济体制越来越体现出消费品出口的要求，其发展速度越来越依赖于国际需求。在以后的10年内，国民收入有所增长，但外贸增长率仍占决定性优势：1960年出口值占总收人的19.1%（按系数成本计），至1970年几乎达到25%。意大利工业达到欧洲规模是新的、积极的事物。这样迅速、这样猛烈向国外需求密集型、最先进国家技术型的转变早在20世纪50年代末就已引起了消费的畸形和南北差距的扩大（北方日益接近西欧的经济规模，南方日益放弃地中海国家半手工艺技能，加速文明和社会解体过程），还带来了各工业部门间（根据技术水平、竞争能力和财力集中的大小程度）和工农间的一系列不平衡，并随着时间的推移这种现象日益严重。收入分配的后果也相当令人震惊：一方面扩大了高收入和低收入间、先进企业和弱小企业间的差距，另一

方面利润和食利活动大幅度增长。

1951年至1962年，冶金工业、机械工业、化学工业以及运输工具工业在总收入和出口方面（外贸增长率在14%~17%之间，而整个外贸的平均系数为11.5%）突飞猛进，同期内还达到高生产率、高投资率、高利润率、高集中控制市场的能力。这些工业部门（中小制衣和制鞋工业也逐步加入这一行列）和纺织工业、食品工业、其他制造加工业以及生产率较低、设备和技术平平、活力较差的建筑业和贸易销售服务业之间正在出现“二元化”现象。结果是：最先进部门倾向于把一切财力用于增加生产率而不是用于创造就业机会，于是大部分失业者纷纷涌入较传统的、效率不高的部门，或在公用事业中寻求出路。不断扩大较落后的、效益低的、但又不是寄生的部门是符合于意大利经济龙头部门扩张的。

另外两种现象与生产结构中正出现的“二元化”过程，与基于国外需求又缺乏任何指导性计划的经济发展有着或多或少的直接关系：私人消费高于公共消费；私人消费中奢侈品消费猛增（这是收入水平高于意大利的国家的典型消费）。1962年，私人消费额高于公共消费额5倍；1953年至1960年，购买汽车的开支上升67%，而私人消费的增长不到23%。尽管存在着严重困扰社会结构和地方行政当局的问题（大量移民，大城市面积急剧扩大，要求新的或更有效的集体性服务事业），公共开支实质上仍本着不大量增加国内总需求的原则，尽可能保持货币平衡机制，支持出口型工业的国际竞争力。同时，大工业中最强大、最有影响的部门走向专业化，一些产品（如电视机、家用电器、轻便摩托车和汽车）的价格与日常生活必需品和文化用品的价格相比趋于下调或略为上调，收入分配仍极不平衡（在

【走近意大利】

意大利全国约67%的人口集中在城市，人口超过百万的城市有罗马、米兰、那波利和都灵。历史上，意大利是世界上大量向外移民的国家。

第三产业、大企业和自由职业中存在着货币收入相当高的一定层段)，这些均有助于增加大众工业品以及奢侈品的需求，形成比其他收入相同但基础较稳固的社会更为“富裕”的消费模式。最近几年内，意大利人均购买力确实有了相当的提高。但是，意大利消费者的个人收入绝对低于共同市场其他国家，不过表面上由于大量购买家用耐用消费品和私人交通工具却被认为已接近欧洲生活水平。

有人认为，扩大出口以及发展适应国际市场最特殊地区的收入和消费趋势的供货形式，在投资和消费出现畸形的情况下起着绝对的首要作用，这是错误的。当然，这并不意味着低估总需求中外贸部分的重大作用，因为几乎每7年翻一番，在全部西欧国家中意大利是出口年增长率最高的国家之一，仅低于德国。但是，对于一些总产量中出口额较高的工业部门(从精密机器到家用电器和汽车)来说，也很难确定国外需求在多大程度上先于国内需求。国内需求(就

是在特别强调出口的年代，仍然是主要的、占优势的市场组成部分）确实受国外需求的影响，但依然促进了某种消费主义和社会行为的模式。石油化工工业（部分为国外大公司加工）和“繁荣”的建筑业为迅速增加投资、支持某种需求和消费的发展也起着同样决定性的作用。至少到1958年，人口增长、城市规模扩大、公共工程重建以及南方开发银行优惠贷款使建筑业不断发展，从而吸收了巨额私人投资，控制了大部分直接消费或与建筑业发展有关的消费（水泥、砖瓦、木材、钢铁产品、木工、装修等）。

【走近意大利】

意大利由于南部农村贫困，缺少土地，大量破产农民和失业农业工人被迫迁往他国，主要移往美国和阿根廷。100多年来，从意大利迁往他国的人口达2700万。

那些年月里，经济政策确实反映了出口贸易中最有信誉行业的企业战略，因为这些行业有着巨大的活力，证实了战后采取自由贸易选择的正确性，扩大了国家在国外的信誉。正是由于这一切，国际需求的变换成为经济政策长期或短期考虑的因素。随着世界贸易和出口贸易总值的增长，储备和货币基础得以巩固，信

贷和经济活动的发展速度也随之增长。从而出现了加大贵重货币储备的倾向(用于扩大非生活用品的进口,应付临时的国际支付赤字),而且“冻结”了扩大投资和充分就业所要求的大量财力。意大利经济进入欧共体时的劣势和脆弱性(不断移民、农产品和食品不足、最先进部门缺少技术革新)已一目了然,这些先决条件从那时起的几年内使国家经济成为共同市场的一个“软肋”。技术竞争基础条件不断变化也促进了国家经济对国际一体化的从属性。整个20世纪50年代,一些产品——如家用电器、摩托车、服装——革新率较低以及微薄的劳动报酬使意大利工业生产出成本低、有竞争力的产品。然而,在后10年内,至少在高度工业化国家内,情况有了变化,出口和自身发展技术能力之间有着越来越紧密的关系。

目前来说,革新上模仿程度高的行业继续保证了出口的主要部分,并取得了重要的经济成果,似乎不存在今后发展的问题。但是,有一根合乎逻辑的线联结着这一扩张运动

的各个方面，因为它基于这样一种方针：不打乱战后出现的积累过程的特殊机制，不破坏国际支付结构（宁愿拉开总需求中外贸成分和内贸成分的差距，保持行业间和地区间相对不平衡），不减弱提供外汇的移民浪潮。在国际上，维持竞争力实际上是采用低工资制和集中投资于立即生效的地方取得的。另一方面，要实施一项真正扩大公共开支的政策，就应大胆地使用税收这一杠杆，而不是使用通货膨胀的办法，因而需要具备坚定的政治意志：较直接地触动特权地位的收益和统治市场的大集团的超额利润；从根本上改革国家机器，把越来越扩大的公共开支部分转化为生产性的或创造性的社会公益事业投资。

【走近意大利】

在20世纪70年代中期以前，意大利人仍不断向国外移民。自70年代中期以后，由于其他国家经济不景气，外籍工人常遭解雇，使意大利外流人口减少，归侨人数不断增加，移入居民已超过移出居民。

第六节　汽车工业的“意大利道路”

当然，把国家投资企业的政策看成是私有大工业发展方针的一种简单反映是不正确的。对私有工业可采取三种可能的选择：进行反垄断地位的竞争性斗争；对集体迫切的需要实施各种不同规模的优先政策；比较简单地配合私有资本的举止和目标。最后一种已成事实，经常采用。第一种选择对化学工业有效，对机械工业不一定有同样的效果。第二种选择在下述两个方面会犹豫不决和动摇不定：维护就业水平或救援首要经济部门的各种要求；维持企业最大效率的奢望(仅指账目而言，非指中期经济利益的准则和赋予国营企业的社会标准而言)。1957年开始执行的南方干预政策也不例外。当时要求伊利集团把其总投资的40%和工业设备投资的60%放在南方。实际上，国家在南方的投资大部分选择某些公用事业和基础设施，结果加强了在电话和高速公路部门中最有广泛代表性的食利活动，完全忽略了在生产资料和食品工业中（这是南方复兴的关键部门)的投资。这些根本上的局

限性不仅仅是因为议会缺乏对财政活动以及对公共投资企业的方针进行适当的监督，而且也由于存在着这样的一个事实：1962年，私人资本在伊利集团的“投资公司”（机械投资公司和造船投资公司除外）以及爱尼集团下属一些公司握有相当数量的股份：在钢铁投资公司为49%，在斯泰特公司和阿尼奇公司为40%，在海运投资公司为25%，在阿杰普为20%。

当时还没有出现一种以一些真正的“均势力量”为基础的经济体制。另一方面，又缺乏针对私有集团最强劲的垄断倾向采取行动，使生产率增长不成为工业进一步集中的工具，而用于改善工资、降低物价、促进地区和集体利益投资的平衡发展。就是尚存在的统制经济阴影也不倾向于国家在干预类型和管理上拥有这样巨大的手段。在这种情况下，生产的增长是与少数企业控制越来越多的财力以及经济权力日益集中同步的。1963年，与近5年工业生产增长指数相比，除埃索美孚石油公司、壳牌石油公司、西门子、菲利普等一些外国公司外，私有部门申报的营业额和财产增长最快的是爱迪生、菲亚特、奥利韦蒂、皮列利、蒙泰卡蒂尼、斯尼亚·维斯科萨。集中程度越高，赢利越大，如人造纤维、橡胶、交通工具、冶金、化工和水泥。在交通运输部门，较小企业的集中和“卫星化”过程的规模和速度要比中等企业明显。

当时，菲亚特已具备了大金融和工业“SE国”的所有特点；后来，在意大利资本主义发展范畴内推出了自己的企业战略，在国家政治和社会生活中、在与国家的关系上形成了自己的冲击力，起到

【意大利经济】

在工业企业中，中小型企业占重要地位，约占企业总数的98%，有“世界中小企业王国”之称。它们雇佣的劳动力约占全部劳动力的70%，提供了意大利工业产值的1／3和国内生产总值的1／2以上。

了“压路机”的作用。1950年至1961年，都灵家庭汽车生产翻了四番（几乎占民用汽车的90%），到1967年达到145万辆之多，其中三分之一出口。1950年至1960年，生产率增加126%，生产1公斤产品所需的工时在1953年已减少到48%，以后的5年内再次下降到28%。但是，汽车工业走“意大利道路”不仅仅是通过菲亚特不断放弃战后享有的保护份额、加快劳动节奏、生产一系列小汽缸汽车而完成的。1953年，为建立600型汽车的庞大生产线，瓦莱塔决定投资3000亿里拉，开创了一个时代——一个全国性经济计划的时代。由于大量的辅助投资和“有诱惑力的效果”，在菲亚特的汽车政策中以及其他方面已觉察到出现了任何力量无法替代的、也无力与之抗衡的这一时代的核心。

汽车工业发展所引起的连锁反应及其影响以及它的发展方向很快替代了促进和引导意大利经济发展的任何其他手段；确切地说，使以后的公、私投资的选择均屈从于它。1951年至1967年，汽车工业的增值从整个机械业毛收入的9.3%上升到13.5%，从整个制造业的2.4%增至4.3%；而其投资额逐渐接近7%。同时，汽车在意大利出口总值中所占的份额也翻了三番。1963年至1964年，估计菲亚特在生产上可直接调动其他行业的资金占总投资的20%。对此感兴趣的不仅仅有间接供应的中小企业，而且还有一些规模相当大的公司和不少国家投资企业：从爱尼集团到钢铁、化工、机械以及基础设施等企业。此外，根据国家统计局的估算，从其他行业购进的商品和设施构成汽车工业可销售产品的64%（按系数成本计），其中82%以上来自国家企业。总之，由于这种行业间的关系，汽车工业总产量每增加1000里拉，意大利经济总产量就要增加整整1975里拉，出口增加210里拉。

【意大利经济】

意工业分布不平衡，工业主要集中在北部、东北部。主要工业城市有米兰、都灵、热那亚和布雷西亚等。

由于缺乏任何性质的发展总体规划，汽车工业不可避免地——由于其本身的重要性，由于其凝聚着直接的、宏大的机制——承担起意大利生产体制的牵头作用，并按其预期的利润和扩张尺度指引着整个发展过程的预测、设想和方式。工资和消费的趋势受其左右，商业、公共事业、公、私建筑业内新的就业机会也或多或少直接受其影响。20世纪60年代前5年，意大利汽车经济的营业额已达到国民经济的12%。汽车部门实力的增长正在促进和巩固国有工业中最活跃的部门，因为它扩大了汽油和柴油的需求，促进了钢铁、石油化工、塑料的生产。以这种方式，不仅仅形成了瓦莱塔计划和马泰伊个人计划间的一种汇聚，而且致使马泰伊能够沿着这条道路——在多数党权力游戏的夹缝中——窃取了不应属于他的地位，从国家的公务员一跃而为拥有政治、经济权力的大封建主之一。

第七节　财富名人榜——皮尔·卡丹

1922年，皮尔·卡丹出生于意大利的威尼斯近郊。

1934年，勉强小学毕业的卡丹来到小裁缝店当学徒，从此，他迈出了服装设计的第一步。他经常跑到舞台后去观察演员们绚丽的衣着，仔细揣摩各种造型，让自己的技艺和鉴赏力不断提高。

1945年，皮尔·卡丹来到帕坎时装店搞设计。当时，许多著名演员都在这家店订做服装，这给了他一个得以崭露头角的机会。在皮尔·卡丹成长的过程中，法国现代派作家让·郭都和画家克里斯蒂昂·贝腊的美学思想给了他深刻的影响。他把这些应用到自己的服装上，为自己赢来了许多订单。

1954年，他的第一家时装店正式开张了，地点在圣君子旧郊大街。在这里，他不断创新，制造出更多令人震惊的新闻。

1960年，卡丹开设了两家很出名的时装零售部："亚当"专营男装；"夏娃"专营高级女装。他的顾客包括前伊朗皇后、法国总统夫人及英国的温莎夫人等。

1981年，皮尔·卡丹买下了马克希姆饭店，他不仅是要把它作为法国烹调业的一个光辉标志珍藏起来，更主要的是以这个商标经营各种食品，包括饼干、糖果、沙丁鱼、果酱、香槟酒以及各种罐头，按照他的说法，他要把法国式的烹调和时装结合起来，体现法兰西文明的魅力。

1992年，作为唯一的服装设计师入选精英荟萃的法兰西学院，成为终身院士，不仅如此，他还建立了以服装、餐饮、家具等几十种产业组成的“卡丹帝国”。现在，在世界五大洲的80多个国家里，有600多家工厂在按照卡丹的设计，制造“卡丹”牌和“马克西姆”牌的各种产品。有5000多家“卡丹”与“马克西姆”专卖店，其年营业额已超过100亿法郎。其总资产估计已达到10亿美元。

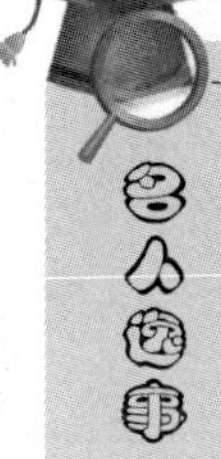

一天要在缝纫店工作10多个小时的卡丹，非常厌恶这份工作，这不但因为繁重的工作所得的报酬还不够他的生活费，重要的是，他觉得自己是在虚度光阴。皮尔为自己的理想无法实现而苦闷，他觉得与其这样痛苦地活着，还不如早早结束自己的生命。就在皮尔准备自杀的当晚，他突然想起了从小就崇拜的有“芭蕾音乐之父”美誉的布德里，卡丹觉得只有布德里才能明白他这种为艺术献身的精神。他决定给布德里写一封信，并请求布德里能收下他这个学生。

很快，卡丹收到了布德里的回信。在信里，布德里讲了他自己的人生经历。布德里说他小时候很想当科学家，因为家境贫穷父母无法送他上学，他只得跟一个街头艺人过起了卖唱的日子……最后，他说，人生在世，现实与理想总是有一定的距离，在两者之间，人首先要选择生存，只有好好地活下来，才能让理想之星闪闪发光。一个连自己的生命都不珍惜的人，是不配谈艺术的……

布德里的回信让卡丹猛然醒悟，他开始努力学习缝纫技术，25岁时，便建立了自己的公司和以自己的名字命名的服装品牌——皮尔·卡丹。

第二章　意大利的自由贸易和经济政策

采取自由贸易方针有利于 1861 年以后意大利进入欧洲世界，有利于巩固同英、法的友谊，有利于加强与西北欧先进地区关系的联盟体系（其政治和外交成果在复兴运动时期就已十分明显）。自由贸易原则扩展到新王国的各个省份产生了双重结果：一方面提高了土地的效益；另一方面形成了一条扩大农业食品和半加工原料出口的经济发展战略方针。

财富小百科

许多人之所以封闭自己的财商潜质而不能大富的原因是他们把钱仅仅就当作钱，而不会把钱变成资本、变成生钱的工具，把自己变成了一个守财奴。其实作为资本的钱，是能带来利润的钱，是在资本运动中不断增值的货币。稍有财务知识的人都知道，资金是有时间价值的，如果资本闲置，那就是浪费。而且由于通货膨胀的原因，资金还会贬值。中国有句俗话说“有钱不置半年闲”，就是说要让钱生钱，让金钱为你的创富理想服务。

可是就有一类人，对金钱有一种“难分难解的如胶似漆的感情”。他们对自己拥有的金钱总想时时刻刻攥在手里，生怕它飞了似的。谁要想向他借钱，或者劝他把钱存到银行里。他会觉得，那样真就是要了他的命根子！

血脉不流通，人会死亡。同样，资金再多，闲置起来就等于死钱。企业的活力在于不断地发展，资金的生命在于不停地周转。

第一节　统一后意大利经济的总结

采取自由贸易方针有利于1861年以后意大利进入欧洲世界，有利于巩固同英、法的友谊，有利于加强与西北欧先进地区关系的联盟体系（其政治和外交成果在复兴运动时期就已十分明显）。统一后历届政府所关心的自然是维护先前的经济政策；它已给萨沃依王朝的皮埃蒙特大区带来巨大好处，统一后必然也有助于改善公共财政，加强国际关系。另一方面，自由贸易政策似乎完全符合于各国降低进口税的趋势。亚当·斯密认为，市场是自由贸易体系的基础，可自动调节经济生活中任何潜在的不平衡。其理论作品代表了主张意大利自由贸易这一代人中主要旗手的理论“宣言”（他们甚至采用其最激进的、最先进的词汇，如卡塔内奥的伦巴第小组），也代表了半岛上受弗朗切斯科·费拉拉学派熏陶的主要经济学家的理论“宣言”。

政治发展过程本身似乎也证明了自由贸易这一概念的正确。1866年前，俾斯麦利用关税联盟使普鲁士和哈布斯堡帝国之间的力量对比发生有利于前者的变化，因为哈布斯堡落后的社会仍依靠古老的关税保护主义；后来他又跟法国玩了同样的花招，抑制了拿破仑三世。利用泛德贸易关系孤立奥地利，利用1862年3月法德法兰克福条

【意大利经济】

意大利正积极开发可再生能源。2006年，风力发电装机容量为212万千瓦，居世界第七位。

约有关向国际市场开放的自由贸易政策使普鲁士——一直至1870年仍是一个粮食出口国，一个工业发展所需的矿产和冶金物资的进口国——从中取得巨大的经济效益。此外，法国在色当战役大败后也没有感到有必要对第二帝国延续下来的自由贸易制度做实质性的改变——除一些出于税收原因而做的修改外——尽管梯也尔有着强烈的贸易保护主义倾向。

统一后，意大利从严格的、正统的自由贸易体制中期待哪些具体好处呢？大卫·李嘉图关于比较价值的论文认为，在自由贸易制度内，每个国家为获取最大利润必须使一些部门专业化，能以较便宜的国内价格生产产品，用以换取自己所需的国外产品。这篇论文好像专为国家贫乏的经济撰写的。大家一致深信，像意大利这样一个国家就其气候和自然资源而言，有能力给国际市场提供各种档次的农产品，应全力以赴开发独特的资源，恢复海运传统；如果适时振兴海运，就可把半岛这一"从中欧深入到地中海中央的堤坝"变成"世界新老航道"的中枢。所以，注意力应主要集中于农业，期望——正处于价格不断上涨的有利时机——在扩大出口方面产生一种决定性的推动力，对人口不断增长产生一种新的适应力。这种模式也符合于统一后领导阶级的政治观点；他们大部分出身农村，关心城乡关系的平衡，易于接受勤劳节俭的、代表社会稳定因素的农村中产阶层的要求。金融贵族的核心也是自由贸易逻辑的倡导者，尽管程度上有所不同（其对议会的政治影响不可低

估);他们与法、英、瑞士银行界、商界均有关系,而这些外国资本1861年后已进人半岛从事公债证券活动、经营新的信贷公司以及控制铁路投资。

【意大利经济】

钢铁工业是战后意大利发展较快、规模较大的工业部门,其炼钢技术具有世界先进水平,优质钢在产品中占重要地位。

自由贸易原则扩展到新王国的各个省份产生了双重结果:一方面提高了土地的效益;另一方面形成了一条扩大农业食品和半加工原料出口的经济发展战略方针。同时,国内市场在许多制成品和主要生产资料方面又为外国工业的渗透打开了大门。当然,这不是说那时贸易活动已有了长足的发展。据估计,统一后的头25年内,贸易年平均增长率以不变价格计算,进口不超过1.8%,出口不超过1.9%。然而,1861年后的头几年,全国范围内实施了自由贸易体制,较大地调动了总需求,激起了对进口的巨大热情,同时国际市场又为农产品提供了新的赢利机遇。这一切推动了意大利内部经济,促进了外国资本对金融业、一些外向型制造业和基础设施进行证券投资和直接投资。

自由贸易政策对各地区的好处是不均等的。南方一些专业化农业区的出口增长(柑橘的出口1862年至1890年间增加了4倍)不足以解决南方经济的根本问题，亦无法缩小与其他地区的差距。相反,与北方的差距正在扩大。部分原因是,农产品价格上涨本身使市场竞争不那么紧迫,使根本改变大面积粮食种植的倾向有所减弱。1861年后,南方农产品的贸易值大部分仍然是在衰落的或几乎无任何变动的环境条件和生产方式下增加的。然而,另一种情况也使南方各地区农业发展能力大为减弱,而且昙花一现。这里指的是大部分农产品销售市场的地理位置和贸易结构。除北方地区的部分竞争外，南方日益增长的出口产品——从柑橘到食油、面食、葡萄酒及时鲜菜——实际上都是些奢侈商品,非日常生活必需品,它们依赖于富裕国家和先进国家的需求,价格又不如粮食、丝绸和畜产品稳定。还有一种情况值得注意,南方蔬菜瓜果易腐烂,种类又多,损耗极高。至于工业上广泛应用的原料硫磺,外国经纪人和贸易公司的绝对垄断使采掘业与加工工业完全脱节,有利于英法进口商。最后,木本植物种植专业地区的生产面临着严峻的市场和波动的价格,处于听天由命、束手无策的境地。

中部和北部的农业体制比较协调。出口结构曾决定了,现在仍在很大程度上左右着北方的农业生产活动。涌入国际市场网络的大量产品不仅有食油和葡萄酒——按比例不如南方数量大——还有大米、奶酪、牲畜、麻、木材、皮革,尤其是生丝和丝线。北方农业的主要问题是，应采取近似最先进的农艺结构，达到能降低生产成本、能在世界市场上积极竞争的企业规模和耕作技术。巴达拿平原及其边缘地区竭力大量出口生活必需的食品;必要时,还可利用一个较有弹性并

【意大利经济】

2007年，意大利钢产量达3200万吨,居西欧第二位,世界第十位。意大利钢铁工业所需的全部铁矿石及焦炭、70%的锰和30%的废钢铁依靠进口。

有增长趋势的国内市场。正是北方各地的商品改善了意大利在国际市场上的地位，形成了较为有力的货币经济形式。路易吉·博迪奥说，北方各地区垄断丝的出口就是一座真正的“金矿”。

向法、英、德、瑞士企业不断扩大供应的生丝和丝线（绝大部分来自北方各个地区）代表了统一后意大利经济中最可观的贸易收入，约占意大利出口总值的三分之一。意大利北方丝织厂成功的根本原因在于丝织业比其他工业起步早、时间长，与法国南方一样从16世纪开始种植桑树。统一前夕，桑树和粮食的间种制扩大到威尼托大区之时，皮埃蒙特和伦巴第两大区已有700多家缫丝和捻丝厂（大都以水力为动力），每年有15万人在那里工作6个月之多。为洽谈生丝贸易和销售丝线，第一批银行和贸易公司在许多私人金融家、商业企业家（大多是外国血统）和握有资本的地主的促进下出现了。与广大城市市场的结合、与外国客户的紧密联系促进了农村其他制造业的发展，例如以半工半农为主体的亚麻和大麻制造业，同时又扩大了不少食品企业加工和经营农产品的范围。确实，半岛上几乎到处都有谷物加工业，但南方使用的设备仍相当落后，无数磨坊仍以畜力牵引。只有皮埃蒙特、威尼托、伦巴第等大区的一些公司——在全国小麦消费中仅占很小的百分比——已达到某种企业规模，足以扩展到农村小磨坊主控制的自给自足的地方面粉市场之外。酿酒业也有所发展，但酿酒工艺仍是手工方式的，仍未形成现代的生产和贸易体制。在托斯

卡纳和利古里亚大区，不少油料企业主动建立非传统结构，扩大贸易范围；而制糖业刚开始进入市场，在热那亚（近年已成为食品的主要集散地）成立了利古里亚—伦巴第制糖公司。

【意大利经济】

意大利钢铁工业分布在南北两区。北方以米兰为中心，是意大利传统钢铁基地，大多为中小型钢铁厂；南方是20世纪50年代后发展起来的新区。

统一后，领导阶级的自由贸易抉择有助于农业和绿色工业的有益发展。由于部分农产品急剧商业化以及法、英、比的投资（主要在运输业、保险业、电力公司、煤气公司、自来水公司），第三产业和公共事业也有明显的发展。1880年铁路网以里程计算达1861年的三倍半。由于国家资助的几条航线的开通以及老式帆船的淘汰，海运业亦有长足进步。总之，公用事业在国民收入中从21.9%上升到25.3%。除运输业的增长外，商业、保险业、信贷业等活动也有相当的发展。货币发行银行、储蓄银行以及一些新建的信贷公司（以动产信托总公司为首）竭力削弱罗思柴尔德家族、汉布罗家族以及其他外国大金融集团在意大利市场上的优势，扶持在外国市场上的意大利证券。不应忘记，在卢扎蒂、莫尔普戈和其他一些开明保守派的创议下，民间银行也在日益发展，它们吸取中小资产阶级的存款，扩大储蓄、金融手段和信贷体制。同时，1862年至1878年间国民收入从488.45亿里拉增加到558.77亿里拉（以1938年价格计算），毛投资年均增长2.2%。

第二节　自由贸易模式的局限性

自由贸易模式应从整个经济发展趋势、内部积累机制以及意大利这块“晚发展地区”与欧洲其他国家的关系等角度来判断。贸易自由化、农产品出口的增长以及外资的投入其实对经济体制现代化的作用极为有限。统一后头20年国民总收入年均增长率未超过1%；工农业生产实际上也徘徊于这个增长率。换句话说，半岛以其丰富的农产品积极跻身世界市场以及初加工纺织品和食品这类轻工产品的大力推销并非是克服落后的恶性循环和进入欧洲最先进地区的关键。

1866年5月采取货币强制流通措施如同保护性关税一样有利于民族工业。但是，纸币贬值（与黄金相比平均贬值10%）以及1871年至1873年短期贸易繁荣对意大利经济生活并没有产生实质性的、持久性的影响。生产资料的引进与制成品和奢侈品的进口相比仍是微不足道的。意大利传统农产品的出口无论如何还不能完全提供进口大量技术器材和基础工业设备的金额。1861年至

【意大利经济】

意大利钢铁工业的70%以上由伊利公司控制的芬西德公司经营。芬西德公司于1950年在沿海建立了三大钢铁中心,即巴尼奥利、利尔尼利亚诺和塔兰托三大钢铁联合企业,其中南部的塔兰托钢铁联合企业是意大利最现代化的生产特殊钢材的企业,年产钢1000万吨,是世界最大的钢铁企业之一。

1880年间，生产资料的进口和毛投资之间的比率（1861年至1863年平均停留在12.4%左右)只有在1866年战争时期以及70年代末期才达到最高峰。那些得益于贸易关系自由化的经济部门至少在统一后头20年内也未在整个经济制度中起到带头作用，以利于在地理上逐步扩大最先进的农业体制或最有竞争力的制造业活动。

食品业仍采用非常传统的加工方法,销售到当地市场以外的食品数量甚微,且极困难,因而无法形成一个全国性市场。弗朗切斯科·奇里奥以其罐头制品大胆闯入国外市场，伦巴第和皮埃蒙特两大区的果汁、苦艾酒和葡萄酒厂家(如布兰卡、卡尔帕诺、罗西等）的贸易活动均不足以给食品部门披上现代化的外衣。其他行业,如丝织业、造纸业、大麻加工业及制革业,不注重生产周期的安排,只重视贸易时机:掌握足够的预支,对某些客户

收取特定的佣金，根据季节或以变卖价格进行贸易投机。铁路本应促进和活跃贸易流通，但建造几条新线后，铁路运行大大低于所希望的效果：1870年只有都灵—热那亚线或米兰—威尼斯线的效益与英国铁路每公里平均收益相差无几。

促进金融流通和建立相应的信贷机构等方面出现了相当失常的、不协调的情况。公、私金融业长期受外国集团的支配，与东欧或拉丁美洲任何一个国家无多大差别。外国资本在银行、矿山、铁路的投资奠定了一种复杂的经济关系体系的基础，而这种经济关系实际上基于扩大农业出口（为采购大部分外国的工业和公用事业设施）或基于一系列不太对称的经济依赖关系。法国金融界（以罗思柴尔德家族为首）垄断了意大利在国外市场发行的债券，法国在半岛的投资占其海外总投资的30%，这一事实决定了在与法国的关系中意大利处于从属地位，因而这种关系常常超越纯经济、纯公共财政的领域。

统一后头20年中，议会深受一些与英法大中间商有直接关联的集团和人士，从巴尔杜伊诺到巴斯托吉，从康布雷—迪尼到邦布里尼和加列拉公爵之间明争暗斗的影响。在降低公产和公地的品位、阻碍市场资金转化为真正的中长期生产投资方面，政治上的倾向性和私人投机活动往往情投意合。1870年至1873年间，意大利金融市场事件是尽人皆知的；当时，由于几大铁路干线建成，实行强制货币流通，以及欧洲扩张倾向的影响，出现了最初的经济复苏迹象，然而这些迹象被易于赚钱的

【意大利经济】

机械工业是意大利最大和最重要的工业部门，约占国内生产总值的1/4和出口产品的3/4。产品主要包括动力机械、汽车制造、机床、精密仪表、数控机床、运输设备等。

证券热以及最有风险的银行和房地产投机热所湮没。不断发行利率高于国际市场现行利率的国债有利于起源于国外的银行集团和贵族金融集团，极大地限制了工业企业利用全国储蓄的可能性。事情还不止于此。国家支付高额利息，对消费和动产活动征收各种形式的税收，必然形成有利于食利现象和传统不动产经营活动大量收入的再分配，打击了除食利者、金融寡头和土地资本拥有者之外的其他社会阶层。

如果仅仅局限于检查经济生活中的光明面和阴暗面（其中一些要追究到新的统一国家的外交和军事事件本身），认为意大利资本主义发展似乎仅是一个内部问题，我们就要犯错误，因为没有看到世界范围内经济周期的进程（只有几年对统一后的意大利有利），没有看到与其他经济大国的力量对比，以及没有看到发展程度不同的欧洲各国间不平衡日趋扩大的影响。在资本主义扩展的关键阶段，意大利在国际劳动分工中仍然是一个以农业生产为主的、适当辅以加工半成品活动的国家，还是一个资本流通缓慢、贸易价值一般的国家（国内消费有限，外销数量不大）。也就是说，意大利经济在世界市场内日益从属于最先进的体制，处境十分严峻；与欧洲其他地区的差距不仅没有缩小，相反有扩大的趋势。人均国民收入1861年至1869年间英国高于意大利年均指数130%，法国则高70%；1890年左右英国为意大利的3倍，

法国为两倍。

令人深感遗憾的是，意大利与德国不同，一些主张关税政策务必密切关注民族工业利益的强大思潮并没有在适当时候站住脚跟，英国自由贸易经济的魅力仍占压倒优势。也应承认，政治选择必然对经济选择和意大利经济进入国际市场的具体方式起着重要作用。明盖蒂深信与法国建立密切的经济关系是适时的，是恢复阿斯普罗蒙特事件后冷却下来的法意友谊的一个手段。明盖蒂的这一信念对1863年签订纯自由贸易条约起了重要作用。后来，签订旨在争取更多的国际承认、孤立敌对的奥地利的贸易协定，也为重申这一方针起着同样重要的作用。总之，自由贸易方针的发展模式是大地主政治优势的表现，也是对农业小生产者以及金融界最具代表性集团进行调和的表现，因而从迫切要求保持城乡平衡的稳健派方面得到支持和力量，就像统一前意大利北部和托斯卡纳地区所发生的那样。

【意大利经济】

意大利是世界上重要的汽车生产国和出口国之一。汽车工业是战后意大利发展最快的工业部门之一，1950年小汽车产量仅10万辆，2007年增至128.4万辆。

还需阐明这一类选择的长期效果以及建立意大利新经济体系的方式。从这个意义上说，分析工业部门的状况十分重要。统一后头20年内，两种广泛传播的信念均告破灭。第一，认为一些农产品和传统产品（葡萄酒、丝、食油、硫磺、大理石等）大量进入国际市场可以不断获得相当可观的效益，用以换取大量基础设备。第二，认为大力鼓励外国资本，发展铁路事业，是扩大公共事业、发展工业的决定性因素。1861年至1863年3年间生产资料的进口有长足的增长，年平均达到4.3亿里拉；但是1866年采取货币强制流通措施（改变外汇行市，贬值里拉）实际上全面抑制了进口活动，因为进口货要用黄金支付。至于铁路方面，新线的铺设（1861年至1876年间年平均从178公里上升到376公里）对意大利工业发展并没有产生可喜的效果。其他国家（首先是法国）银行与铁路的结合推动了国家工业化的进程；意大利却不同，除一些不重要的物资外，铁、铁轨、机车及其他物资主要取之于国外，且铁路停车场也由许多外国代理公司交替管理。总之，1870年平均每公里运营量不到法国的三分之一、普鲁士的六分之一。

【意大利经济】

意大利是欧洲汽车生产和消费大国，2000年国内汽车市场规模达240万辆，创历史最高纪录。菲亚特公司是意大利最大的汽车公司，控制了意大利汽车生产的85%。

第三节　文化、文明社会和产业主义

直至10年前，大部分历史学家还把意大利经济发展的延缓和明显的缺陷归咎于国家大量浪费以及极度的税收压力，特别归咎于逐步放弃自由贸易政策。先是南方问题专家的争论；后来，尤其是第二次世界大战后，对法西斯组合式统制经济和自给自足经济（可划入国家干预主义一类）的谴责，似乎都想从本质上抬高以路易吉·伊诺第为首的一批人的看法：他们把贸易保护主义的出现看成是国家公共生活的主要祸害，认为1887年的税率显然是经济和地区进一步不平衡的源泉，是自由贸易体系（受到因贸易保护主义而实力大增的、最具战斗力的工业和金融集团的强大压力）遭到严重破坏的根源。1951年至1962年间，由于恢复贸易自由化和进入共同市场，意大利工业取得了相当的成就，使一些人重又相信这种史学上的见解。不仅如此，某些自由贸易的主张同极其乐观地看待自由欧洲和“民族革命”的观点极为相似，他们认为，至少到1870年或许更晚一些时候，以欧洲列强经艰苦努力达成利益共存和文明经济共同进步为基础的一个欧洲交响乐符合于商业自由的贸易体系。当然，现实是相当复杂的，经济变革本身所引起的各种形式的社会

【意大利经济】

意大利还有专门生产豪华汽车的皮宁法里纳公司和贝托宁公司，其产品在国际市场上很有竞争力。意大利生产的商用车在国际市场上也占重要地位。

冲突和国际对抗至少也起着不稳定的作用。

统一后历届政府无条件解除了海关的“武装”，结果几乎全部放弃了民族的钢铁和机械工业，就像统一前在皮埃蒙特、利古里亚和托斯卡纳三大区发生的那样，虽然这些地区拥有一个经济较发达的内地。统一后头20年，铁的生产增加了两倍，但至1880年仍未达到10万吨的年产量，而且其生产过程不完整，成分粗劣，只能进行简单的废铁再生产。所以，意大利钢铁工业失去了——罗密欧正确地指出——“在工业发达的、原料较丰富的国家里铁路建设的发展(标志着从纺织工业向重工业，特别是冶金机械业的发展)所提供的伟大的历史性机会。”1887年后，铁路的发展仍很缓慢，但由于逐步减少钢的进口，促进了民族钢铁工业的增长，然而到1911年至1913年全盛时期仍只占工业生产的1.5%。

在其他部门不乏一些有意义的发展因素，但这些因素只在特殊情况下或在投机活动极其活跃的短时期内出现。

例如，1871年后，即普法战争后经济繁荣时期内，北方棉纺工业继续发展，在萨莱诺和卡塞塔两地区间一些冶金机械厂和造船厂得以复苏，同时还出现了一些股份有限公司：纺织业有斯基奥市的罗西毛纺厂（资金2000万里拉）、坎托尼棉纺厂（资金575万）、国家毛麻厂（资金800万）；食品业有奇里奥公司和利古里亚—伦巴第公司；橡胶工业有皮雷利公司。但是，确实不能高估当时刚起步的一些活动的意义，亦不能高估一些生产率低，缺乏资本有机组合的部门。受统一后头10年内海关自由化严重影响的纺织工业，无法保持1870年至1873年间因法国制造业人为性危机时临时获得的阵地，几年后不得不重新后撤。其他部门也未找到一些较可靠的、较持久的发展道路。1871年议会进行的工业调查更多地考证了意大利生产体制缓慢地濒临死亡的情况，而很少去考证其活力和耐力的内涵。1872年银行控制了整个股份资本的57.7%，运输公司掌握了16.7%，而全国其他企业加在一起未超过25%。更有甚者，1861年至1880年间整个工业生产在私人生产总收入中的比重从20.3%下降到17.3%。

1876年维托里奥·埃莱纳总结统一后头15年工业发展时，指出产业工人为38.2万人，其中20万从业于丝织业（11万多是妇女儿童，他们辛劳于缫丝业，即与农业生产和农村服务业紧密相关的部门）。1881年，人口普查结果，食品业企业的数量居首位，但规模小而分散，工业资本主义发展极其软弱，每个雇主雇佣工人的平均数

极低,纺织业不超过20.2人,制革业仅8.8人。同期,棉纺工业确实取得可喜的进步:1860年至1861年仅有40万~45万纱锭,到1876年增至74.5万;原棉的消费也在1870年至1876年间翻了一番。但是,英国棉纺工业1860年已拥有3300万纱锭,从这个意义上说意大利棉纺工业的发展仍是微不足道的。总之,制造业年平均增值率(按1938年价格计算)从1862年到1878年不超过1.4%,其中还包含着与欧洲经济周期发展顶峰时期相呼应的1873年,达8.4%的增长最高点。

一些制造业的生产活动在统一后头20年内所取得的艰难发展,远未推出一些全新的内容,亦未产生一些真正改变发展方向的迹象,只能看作是1830年后创造的一些先决条件所产生的结果。皮埃蒙特、伦巴第和威尼托广大地区新建的缫丝厂以及比耶拉地区、韦尔巴尼亚地区和伦巴第的湖网地区逐步加强的棉花和羊毛加工工业确实使西北高原或北部地区具有一些优势,易于扩大——在不同的经济情况下——雇佣劳动和技术革新,为工业发展过程铺路搭桥。英国也是这样,其工业发展亦以乡村古老制造业为主体,推动周围地区。然而,实质问题还是是否采取一种截然不同的经济发展战略,即必须以工业化为指导思想,必须——配合旧的国际劳动分工体系内正在发生的变革——根本改变发展航向。换句话说,必须放弃依赖四平八稳的"自然"天赋和专长的倾向,这种倾向虽可保证社会安定,但有危险成为进一步不平衡的源泉,使半岛在欧洲资本主义发展新格局中退回到18世纪末的位置上。

在意大利传播产业主义倾向起决定作用的并非英法日益增长的繁荣,亦非美国早期经济发展的广泛反响,而是德国经验的魅力:生产的强制性、李斯特思想的影

【意大利经济】

都灵是菲亚特公司总部所在地,是意大利和世界著名的汽车城,该城人口120万,其中30万人从事汽车工业。

响以及“经院式社会主义”的发现。反对世界自由贸易、反对农商利益霸权的队伍日益扩大；同时，意大利最初的产业主义运动却变成了一个复杂的、充满各种不同情绪的、有时又是矛盾的现象，其中起作用的不仅仅是那最直接的、令人信服的因素——一个拥有3000万居民、其大片土地收益日益减少的国家再不能继续依靠太阳和雨水来发展其经济——而且还掺杂有其他一些原因。强烈的民族失落感起着重大的作用。早在斯基奥的毛纺企业家亚历山德罗·罗西参议员在议会和报纸上大力开展“挽救一个面对欧洲的年轻民族”运动之前，另一个纺织工业家昆蒂诺的兄弟、比耶拉市的朱塞佩·韦南齐奥·塞拉，于1873年指出应以团结的、纪律严明的、经济蓬勃发展的德国为榜样，反对官方在色当战役后仍对法国采取同情的态度。

【意大利经济】

2004年，电子工业产值为158亿美元，销售额为320亿美元。当年贸易额424.44亿美元，其中出口137.07亿美元，进口287.37亿美元。意大利的电子电器工业门类多样，技术水平先进，在世界占有重要地位。

> 德国人认为——他写道——工业和贸易不仅仅是物质繁荣的一种手段，更是表现国力的一种手段……拉丁民族为了国家的利益和荣誉必须仿效德国人的杰出美德和和睦一致，必须和他们一起促进人类物质和文明的进步，尤其是必须避免再犯老的错误，必须成为他们真诚的朋友。

要求“经济独立”的呼声不仅来自某种程度上与历史上老右翼或北方天主教运动有联系的商界人士。近年来，诸如奥兰多、布雷达、弗洛里奥、鲁巴蒂诺、佩罗内、梅迪奇·德尔瓦谢洛等复兴运动时期曾在加里波第队伍中战斗过的、后又靠近德普雷蒂斯和克里斯皮的左派人士，也坚决地发动了一场旨在振兴产业的斗争，这场斗争因其爱国主义的性质、军事安全的要求以及扩大“全民劳动”的呼吁而得以强化。

掺杂实证主义理想的民族主义本身不足以动摇江山。在行政机构和行会组织（如商会）内，银行家兼纱厂主、大手工业主、小制造商等寡头集团仍代表着相当一部分企业主阶层，他们虽受外国中间商的盘剥，但出于自身的事业，只关心维持老的出口渠道，不愿开辟新的道路。1874年产业调查的结论已使议会相信应做部分关税改革，但仍不能说服政治集团完全接受产业主义事业。起来维护自由贸易方针的不仅有地主，还有信贷银行和货币发行银行的头面人物，他们纠合在一起，在信贷过剩的情况下大量进行投机活动和过境贸易活动，不愿投资于工业。

统一后的意大利文化界——报纸、学校和经院文化——没有意识到工业变革的前景，没有感到必须摆脱当时广为流行的、令人宽慰的信念，即农业的稳固是自然财富和国家前途永存的、不可替代的源泉；也没有准备放弃农业意大利的某些基本价值观：家长制社会；伦巴第和托斯卡纳地区开明大地主的美德和聪明才智；广大小农人所共知的节俭精神（许多好传统得以完善的保证，保持城乡良好平衡的保证）。这个古老的田园世界不仅是

主张劳资合作和个人发家的开明政治家的理想事物，也是流行文学和许多辞藻华丽的演说家的猎物。这个世界也受到当时在意大利占统治地位的经济科学权威人士的青睐，在他们看来农村小生产者是自由经营取得积极成果的美好象征，也是用节俭和劳动、用明智和朴实的现实主义精神获得社会地位的美好象征。米兰理工学院工程学讲师朱塞佩·科隆博反复宣讲意大利也可以通过技术进步追求工业的独立发展，只要国家不拉后腿；1875年成立了“经济研究发展协会”来对抗意大利自由贸易堡垒——强大的“阿达姆·史密斯公司”；诸如路易吉·卢扎蒂、兰佩蒂科、夏洛亚、帕斯夸莱·维拉里和阿戈斯蒂诺·贝尔塔尼等政界人士和学者逐步改变看法，支持产业主义；这一切迫使主张极端农业主义的头面人物处于守势，但仍无法从本质上改变公众舆论和文人的习俗和思想。有人抱怨意大利缺少像法国或比利时在里昂、维尔维埃

或埃尔伯夫发展起来的科学研究机构；1880年各大学讲台对此回答说，外国文明有危险变成“机械的、杂乱无章的、无头绪的”文明，而意大利学校的任务是维护其崇高的人文科学传统。

19世纪80年代，大约1万名律师和监察官挤满了上诉法院和法院，几乎同样数目的法学毕业生遍布公共行政机关和私人事务所。意大利大学每年还要培养出1500多名毕业生。为此，尼蒂于1901年正确地把意大利大学说成是一个“不合时宜的、偏离方向的……与生产无关的工厂”。1883年，意大利教育经费占国民收入的1.07％，少于德国，与法国几乎相等，可满足12.5万青年接受各类中等教育和1.4万青年接受高等教育。但是，教育制度显得无助于国家经济的成熟，学生学习不认真是一个方面（主要是中学生），更主要的是高层次阶层和小资产阶级的文化修养实际上还没有超脱对传统职业或公共职务的那种狭隘的偏爱。

19世纪上半叶，或因重商特权的消失，或因手工业者和小生产者阵营内部机遇和革新能力的差异，逐步涌现出不少由工业“贵族”和实干的、有胆识的资产阶级组成的强有力核心。他们形成一个优秀的企业主阶级：“不玷污自己的名声”，勤劳工作，四处奔走，精心贸易。这一阶层虔诚崇拜企业，坚持功利主义，还具有相当高的现代文化基础；他们认真学习实验科学、政治经济学、社会学、统计学，从中吸取营养。但是，这些早期的产业核心为战胜外国竞争、进入经济生活领导层而展开的斗争不仅仅遭到统一前老的利益集团的抵抗。他们要求国家积极干预、帮助萌芽中的工业，意在使国家预算的需求服从生产的要求，这又触及稳健派十几年来顽强执

【意大利经济】

电子计算机、办公机械、家用电器等地位突出。奥里维蒂公司近年来生产的办公室用电脑设备和电子打字机十分畅销，其销售额占西欧市场的50％，占世界市场的30％。

行的政策。立宪左派无意放弃预算收支平衡的传统以及财政管理上享有“出色政府”的神话。他们于1876年3月上台执政时虽有意安抚一下城市资产阶级及企业主阶层，但执政后又感到不能不考虑对金融贵族最有权威的集团以及南方大地主采取妥协的政策。“伦巴第—威尼托学派”为反对意大利“经济自杀”性的贸易政策和非生产性财富的集中而开展的激烈争论，也不足以争取多数舆论支持产业至上的唯意志论。

普遍认为，国家经济发展应走以农业为基础的“自然”道路，工业化不应在缺乏适当的银行组织情况下由上面来恩赐。但是，正如人们所指出的那样，最令人担心的是大规模集中的工人队伍将给社会秩序带来的后果。为摆脱这种担忧，需要树立企业主形象，因为企业主与地主一样也是传统的劳资人事关系的保证；也需要树立工业发展的形象，因为工业是国家预算新收入的源泉。大部分制造业仍

然是农业世界不可分割的一部分或刚从手工加工业脱颖而出，这一事实又利于确立工业家的合法社会地位。

> 扎纳尔代利部长参观了参议员罗西在斯基奥的工厂后激动地惊呼：这里找到了解决社会问题的最好办法。这里年轻人从幼儿园到学校，从学校到工厂，从工厂到用分期付款方式购买的自己整洁的小家。可以设想，如果意大利所有的工厂主都仿效这一榜样，国际工人协会就不太可能在这些心满意足的、追求这种崇高的私有财产利己主义的工人中有取得成功的机会。

随着时间的推移，以家长制方式来回答社会问题的企图以及关于保卫“全民劳动”的号召已稳操胜券，因为——1878年罗西写道——“现在是客观需要，并非是社会不平等迫使我们走向社会战争。”对于像卢扎蒂那样的保守改良主义者来说，这样的前景也是具有相当吸引力的：只有在有利于大工业企业发展的市场体制中才有可能保证执行当时刚通过的第一批保护女工和童工法。在这一方面，“经院式社会主义”的德国（那里，有利于劳动阶级的福利措施在社会家长制的幌子下甚至支持了俾斯麦的镇压政策）也提供了最有效的、最有说服力的榜样。在那些岁月中，诸如巴卡里尼、塞伊斯米特·多达等民主左派人士也开始相信必须有国

家的干预才能克服金融垄断集团以及屈从外国利益所造成的困难，才能保证工人的劳动和较丰的报酬。这是文明社会现代化的需要，其政治和文化根源自然完全不同于卢扎蒂生气勃勃的保守主义，也完全不同于像亚历山德罗·罗西、埃尔科莱·卢阿尔迪、欧金尼奥·坎托尼等企业主主张的社会连带主义的、组合式的实用主义。这种需要实际上旨在发展工业、扩大从业、增加公共工程、改善工资状况，以此作为建设一个较先进的、具有真正自由民主的社会制度的起点。为争取经济上完成复兴运动所提出的国家政治独立和统一各地区利益的斗争，立宪左派人士还摆出了不少同样有力的理由：国家威望、加强军事机器、意大利进入强国行列。

【意大利经济】

意大利是世界上重要的机床、机器人和自动化设备生产国和出口国之一。中国是意大利机床在亚洲的第一大出口市场，约占意大利向亚洲出口的一半。

第四节 “大萧条”和农村危机

1880年前后，如果国际经济生活没有发生根本性的转折，自由贸易政策也不会发生如此迅速的、断然的转变。价格上升和贸易增长延续了30多年之后，1873年起欧洲出现的经济不断衰退现象不仅是一种简单的恶性下滑，而且暴露出一些更深层的东西，因为危机延续时间特别长，范围扩及全世界。一直到本世纪末——除一些短暂的、先天不足的复苏外——生产和消费间的差距以及价格不断下跌(蒸汽商船的运输得到长足的发展以及铁路不断的扩建所引起的)严重影响着经济发展的趋势，暴露了一些基本结构的失调，恶化了国际关系。热能和铁的生产相结合产生的革新效果到1880年左右已快消失殆尽。社会主义理论的传播更使人们普遍感到失去了对资本主义的热情；与此同时，第一次“工业革命”时期认为技术革新、蒸汽机的发现和自由贸易有助于经济自动发展的那种典型的自信也在逐步丧失，尽管朱格拉及其他经济学家竭力抑制这种悲观主义的扩散，创造了一种经济周期的理论，否认危机。

【意大利经济】

意大利的机械工业主要集中在西北部以米兰为中心的伦巴第区和以都灵为中心的皮埃蒙特区。伦巴第区是全国最大的制造业带，米兰是最大的机器制造中心，生产电子电器设备、汽车、机床、机车、飞机等多种产品。

价格直线下跌打击的主要是农业。18世纪末从英国开始的“农艺革命”近年来使欧洲农村面貌焕然一新，荒地变成良田，小麦、饲料、甜菜、葡萄大量种植，硕果累累。然而，由于其他大陆以极低廉的价格在欧洲市场大量倾销粮食、肉类和其他农产品，欧洲市场受到意想不到的沉重的、严峻的冲击。10多年内，几乎所有旧大陆国家的农村经济受价格暴跌、生产崩溃和大量失业所困扰。危机并未止步于农村，而且其后果已冲击到金融活动和工业生产，使整个经济体系面临着全面瘫痪的威胁。1875年至1881年五年多的时间内，法国粮食产值从32亿法郎下降到26亿法郎；英国农村各阶层的收入在1876年至1886年的10年内减少了近4300万英镑。

意大利危机比其他国家来得晚些，但对意大利农业的影响却相当严重。不到10年，小麦价格从1880年每公担平均33里拉以上下降到1886年至1887年的22里拉；小麦进口（受取消货币强制流通的促进）从150万公担上升到1000万公担，而全国产量在1876年至1880年五年内从5100万公担下降到4300万公担。伴随粮食减产（玉米除外）的还有其他作物的减产，因此农牧业生产总值从1880年的283亿多里拉减少到不到260亿里拉（按1938年价格计算），农业在国民总收入中所占比例也从57.4%降到48.9%。结果是：1880年至1886年国民收入增长率仅为0.01%，人均消费水平（由于农业收入减少和实际需求缩减）跌到1800里拉，是今后国民经济生活中的最低点。在一个80%居民的收入和生活来源取之于农村的国家里，这场危机的后果从各个方面来看都是灾难性的。那几年，法国葡萄受根瘤蚜

严重侵害，生产者对高度数葡萄酒的进口要求骤增，使意大利葡萄酒出口在1878年至1881年3年内达到168万公升之多，但这还不足以平衡贸易上的逆差，也不足以弥补其他农业生产部门遭到的巨大损失。

由于危机不断加重以及农村社会冲突和紧张状况日益加剧（造成1884年和1885年农村中最早的群众性大罢工），不论是大地主还是佃户，不论是地主还是分益佃农提出了三个基本要求：适当减轻税收，土地税分摊，对一些农产品加重进口关税。1885年公布了亚奇尼的农业调查，其结论虽然吸收了农村中最现代化阶层的要求，但极为适宜地在农村各阶级中创造了一种良好的气氛，期待政府立刻做出有利于农村的决定。自然，这并不意味着“地主的举措”是铁板一块、无懈可击的。即使各阶层一致要求减轻土地税和取消“战争什一税”，南方地主（反对土地税分摊，否则无法依靠南方尚存的旧地产制进行偷税漏税）和北方地主间还存在着严重冲突。据财政部长马利亚尼1882年在议会公布的资料，每100里拉的收入在伦巴第和威尼托两大区要交纳土地税45里拉，在那不勒斯地区各省份只交26里拉，西西里更少，不到17里拉。在动产、盐税（受害的只是佃户）和地租规定等问题上，大地主和佃户间存在着巨大分歧。总之，“在动乱中，各地区和各集团提出了互相矛盾的要求，尤其掺杂了

一种像多数派变化论时期那样隐晦的、要手腕的政治因素”。

> **【意大利经济】**
>
> 皮埃蒙特是意大利第二大制造业带，都灵是第二大机械工业中心，生产多种机械产品，以汽车最重要。热那亚、那坡利也是重要工业中心。

1885年年末，由于取消第一个“战争什一税”，减少了盐税（这两个措施使佃户和大地主均感满意），来自农村各阶层的压力似乎减轻了。次年，又通过土地税分摊法草案，减轻了最早起来保卫自身利益的意大利北方和中部（托斯卡纳大区除外）生产者的纳税负担。这一举措又把南方地主推上舞台，给他们提供了新的反抗武器。原来要求逐步改革税收制度的南方小地主现在也加入斗争行列，并得到——与大地主一样——克里斯皮领导的“五头政治”反对派的支持。克里斯皮决心把农村中存在的一切不满因素融为一体，改变议会中的力量对比。这样，德普雷蒂斯计划用取消头两个“战争什一税”来平息南方农村阶级反对土地税分摊法的意图惨遭失败。为补偿修改地产制造成的“牺牲”，南方地主要求实质性提高小麦进口税。这一要求得到地方资产阶级的支持。因此，南方贵族、“绅士”、富裕地主、资产阶级化的农场管理人和地方要人间的统一阵线（早在1848年为保卫地产权、反对农民要求归还被占公地运动而建立起来的）正在不断巩固。

直到那时，领导阶级及经济学界仍力主自由贸易方针，其诸多原因上面已表述。1866年至1871年间为满足公共财政额外需要对税收制度所作的几度修改、取消一些自由港以及1878年的海关改革——适当地保护了纺织、陶瓷、机械工业——均无放弃自由贸易原则的迹象。但是，1877年至1882年间，在欧洲，主要是德国、法国、俄国和奥匈帝国，出现提高关税的动向，鼓舞了那些持保留态度和要求变革的人们。同时，英国也从自由贸易过渡到公平贸易，即在贸易洽谈中采取较灵活的、较机会主义的态度。从那时起，政治力量、国家的支持以及争夺市场的斗争必然成为国际经济生活的主要因素，为下阶段殖民扩张奠定了理论前提。法国和德国，还有意大利，“实际上已觉察到——正如卢乔·维拉里所说的那样——在经济上受英国自由贸易和美国成功的保护主义这一国际阴谋的左右。”英国仍不断以极有竞争力的价格向所有市场抛售工业产品，同时欧洲有危险变成美国粮食、牲畜、麻、棉等大量农产品的分店。

在意大利，确实很难说传统自由贸易的终止以及一些实证主义基本价值观念的丧失(受危机的打击，似乎到处在惩处认为可能自动发展的那种信念)，为缓和老的领导阶层对保护主义的抵制，从而为经济政策大转变以及殖民冒险开辟道路起了多大影响。卡罗奇回忆说，就在1885年不仅稳健派中最有权威的头面人物，如亚奇尼、坎布雷·迪尼等，而且还有伦巴第大区的地主贵族，都还不那么愿意放弃自由贸易，特别是粮食的自由贸易，他们害怕因此会提高生活费用和增加雇农工资。此外，英国展开反谷类法斗争所产生的思想上和政治上的魅力尚未完全消失；而且农业保护主义必然引起生活必需品价格上涨，必然导致在平民老百姓中产生社会反应：这种担心仍相当强烈。但是，危机的深化打破了许多人的保留和缄默。多少年来，人们总是把农村经济发展和社会平衡的希望寄托于自由贸易和农业生产自然增长的简单结合上，然而这种结合的根本性弱点现已完全暴露：贸易和市场的自由已属过去。1886年和1887年在意大利出现要求保护主义的主要倾向以及实际问题似乎与其他欧洲国家的经验并无多大差别。

【意大利经济】

近年来，意大利高科技产业发展很快，在都灵、伊夫雷亚、诺瓦拉之间的三角地带建立了自己的“硅谷”。

第五节 向贸易保护主义转化

整个19世纪的上半叶，或更长一些时间，法国、德国、俄国，甚至还有美国，大部分国家预算取自于间接税和关税；1870年后税收收入有所增加，但还不足以应付军事和殖民地开支的增长或公共行政承担的新任务。与工业家不同，农业各阶层首先行动起来，反对增加直接税，同时封锁了来自乌克兰（已有铁路衔接）的小麦以及来自欧洲以外的其他农产品（因苏伊士运河开通和海运费用下降而大量拥入旧大陆）的通道。另一方面，熊彼特认为，1873年后价格下跌的势头超过1929年至1930年大危机时期。不仅如此，随着美国的粮食、印度和日本的丝绸、亚热带地区的食油和水果逐步占领英国市场，农产品向英国出口以换取制成品的有利前景日渐暗淡，要求全力以赴维持自由贸易政策原则的呼声也大为减弱。

意大利也出现了这种看法，因为竞争和物价下跌暴露出意大利农业结构比

其他国家更为脆弱。然而,为改变现行经济方针起决定作用的还是工业力量;这种力量虽没有德国和法国那样的实力,但以咄咄逼人的姿态提出保护主义计划,成功地牵住了北方农业资产阶级和南方食利者的鼻子,制服了德普雷蒂斯政府最后的犹豫不决的态度。由于白银下跌以及受俾斯麦德国和美国现代化进程的推动,国际市场正经历着一场根本性的变革;工业家比其他社会集团更清楚地意识到这一点。在关键时刻,亚历山德罗·罗西参议员起着重要作用(上面已提到他为工业化做了长期的斗争),他利用北方地主情绪的变化,使旨在摆脱"农村保守主义"困境的新经济方案得以推行。当时,原先反对工业保护主义的力量确实已大为削弱。1886年至1887年间,意大利的自由贸易派在一场超越其乐观主义宿命论模式的危机面前已束手无策;对其保护旧海关政策中的经济幼稚病的批判,只能用固执的、形式上的空洞理论来对抗。

实际上,与地主要求改变海关政策的目的相比,工业家的活动有着更广阔的天地。由于经济体制危机的逼近,工业家在几个月内就达到了10来年一直追求而未达到的目的,即使议会和公众舆论相信,有必要让国家了解大企业的出现以及现代工厂无产阶级的成长是一场激动人心的经历,也要让国家看到都市化以及公共开支骤增所产生的不祥前景。采取保护主义并非自由贸易的一种"有目的的、临时的照顾",亦非与政治领导人达成的短期战略协议。坚定地走保护主义道路的意志符合国家进行调整性干预的要求:即修改市场规则,支持经济和社会制度的全面发展,使其与保护和发展工业生产协调一致。同时,意大利与其他欧洲国家一样,民族工业的发展

【意大利经济】

化学工业为意大利重要的工业部门之一,盐酸、硝酸、硫酸等产品的产量均名列世界前茅。过去主要是利用本国的硫黄、钾盐、黄铁矿等资源生产化工产品,20世纪60年代后,主要利用进口石油和天然气大力发展石油化学工业,主要生产3大合成材料等产品。

【意大利经济】

蒙特爱迪生公司为意大利的超级公司。北部的伦巴第区和皮埃蒙特区是意大利的传统化工区，新建的石油化工业主要分布在沿海城市。

一旦得以保护，就能确保有新的从业机会，雇佣劳动就有更高的收入。这种信念确是一个向政府施加策略性压力的有力论据，也是动员大部分工人阶级的有效工具。劳动者协会、互助会、各行业联谊会均被动员起来，通过集会、请愿和宣传，一致声援为保护工业、抗击外国竞争所展开的斗争。

1876年后历届政府也已逐步放弃统一后头20年内指导海关政策、经济立法、信贷体制、公共干预的极其狭隘的农业观念。与德普雷蒂斯一起上台的领导集团并不像历届右派那样害怕城乡古老关系的破裂，害怕不安分的工业无产阶级的增长。相反，他们通过1882年的选举改革重新估价了城市选票的分量，力争扩大工业资产阶级对政治经济的影响范围。

另一些外交和财政因素也有助于海关制度的修改。首先，当时国际关系中以及意法贸易往来中占优势的仇法思想，尤其在1882年巴黎政府竟欲打击从意大利进口的肉类及畜类之后，促进了意大利农业生产者和纺织工业家间第一次广泛的利益一致。在取消首批“战争什一税”以及减少土地税后，用某种形式来补足国家预算中这些微小税收收入的必要性也起了

【意大利经济】

蒙特爱迪生公司为意大利的超级公司。北部的伦巴第区和皮埃蒙特区是意大利的传统化工区,新建的石油化工业主要分布在沿海城市。

重要作用。政府人士和大银行界都希望借助新关税所引起的物价上涨来消除建筑业危机对金融活动的消极影响，这对逐步采取保护主义也起了不小的作用。此外,向土地投入新资金以及实行粮食保护主义后，农业投资的恢复被视为缓解农村社会斗争激化的唯一良药,不然会同法国一样,农村社会斗争的激化有为和无政府运动打开很大缺口的危险。从这个意义上说,改变经济方针的必要性与挽救“多数派变化论”的政治——社会目标的结合日益明朗,从而回答了有关从李嘉图模式到李斯特模式、从“雅各宾自由贸易”到激进的保护主义这种强制性分阶段转变的一些最新疑问。

第三章　探索意大利的工业

在自由贸易制度下机械工业的命运会有本质的不同吗？恰恰相反，对大部分机械工业来说——面对国家对造船业的鼓励和高价的冶金产品——必须寻求与最大钢铁集团建立纵向和横向的联合形式；那种旨在把工业投资风险分散到较广泛活动范围内的银行政策也在推动这种联合。

财富小百科

经营者最初不管赚到多少钱，都应该明白俗话中所讲的“家有资财万贯，不如经商开店”及“死水怕用勺子舀”这个道理。生活中人们都有这样的感觉，钱再多也不够花。为什么？因为坐吃山空。试想，一个雪球，放在雪地上不动，它永远也不可能变大；相反，如果让它滚起来，就会越来越大。钱财也是如此，只有流通起来才能赚取更多的利润。

从经济学的角度看，资金的生命就在于运动。资金只有在进行商品交换时才产生价值，只有在周转中才产生价值。失去了周转，不仅不可能增值，而且还失去了存在的价值。如果把资金作为资本，合理地加以利用，那就会赚取更多的钱。

第一节　棉花、钢铁及粮食作物的振兴

1887年4月通过、1888年1月生效的新税率大幅度地提高了小麦和食糖的关税，加强了棉毛制品已享有的保护地位，实施了相当有利于钢铁工业和化学工业的关税，同时也照顾了一些机械产品：电动机械、农机和纺织加工设备。1887年的关税改革有各种各样的评价。今天必须承认，改革并非一个有机的经济政策纲要的成果，而是在一些紧迫的现实问题压力下所做的一种选择；19世纪80年代初，几乎所有国家都出现过这种情况。承认在意大利这样一个经济发展缓慢的国家里采取这种解决办法的现实必要性（并非“历史必然性”，但为之付出巨大的代价），并不排除去深入探讨当时工业家和地主结成联盟的政治意义以及保护主义引起的政治和社会后果。例如，从何种意义上说，保护主义是“资产阶级国家整个形成过程”的终点——像塞雷尼庆说的那样；或者说——正如另一些人所主张的——仅仅是一种简单的妥协办法，用以调

整公共财政，挽救许多以种植小麦为生的小农场以及一些遭土地税及价格下跌打击的农业生产者的利益。

保护性税率通过时，除南方地主与北方工业家联盟外，还有几个其他“社会集团”：不仅有以劳资合作形式的企业主和工人的联谊会，而且在南方一些地方，还有依靠国家加工订货而开工的工厂领导人与加里波的式的、激进的工人协会为经济上挽救南方而汇合成的各种联谊会。根据一些专门调查的结果，那些超脱现实的大地主头面人物并未直接参与，农业方面的主角是北方和不发达地区的资本主义地主。根据较为切合实际的分析，工农集团并非像乍一看时那样坚固、那样协调一致；保护主义显得更是一种为调整经济状况而采取的过渡性策略。这两种情况均可从工业家和地主联盟发展的程度和方向中看出。这种联盟不是一种有机的协议，也许可以说是一种在严格的财产分配制基础上结成的联姻。工业资产阶级能从这一临时妥协中获得相当的利益，足以对其同路人确立新的、有力的实力地位；一旦主宰了形势，他们可以在几年内使经济政策完全倒向工业家利益。相反，1887年关税改革的基本精神之一（与先前自由贸易路线一样）是保护地主的政治—社会领地和霸权。

开始时，为增强地主阶级的力量、增加其收益而采取的农业保护主义似乎是为南方统治阶层走向国家统治地位开辟了道路，同时又把生产力发展冻结在以大地主利益为主的界限上；然而不到10年的工夫，这种现象已烟消云散。1887年争取保护主义的战斗中，胜利者实际上是代表意大利新兴产业的人士，

【意大利经济】

纺织工业是意大利历史上最悠久的传统工业部门，至今在意大利工业中仍占重要地位，是意大利出口创汇主要部门之一。

与1873年德国转向保护主义时的情况大致相同，其胜利者也是纺织工业和大钢铁工业的代表人物。这不仅表现在地主阶层的让步，因为他们多年来一直反对以全面发展制造业为基础的经济前景，一直反对在国家干预下发展工业。另外，保护主义本身也完全不足以弥补农村受危机打击所减少的收益，更不足以恢复农业在国家经济生活中一直保持的绝对优势地位。反映农业生产总收入在意大利经济体系中占优势的土地税，19世纪90年代其绝对值或相对值都在逐步减少。反之，由于土地税的部分减少，特别由于第二产业及第三产业在经济体制中的分量日益增长，动产税在税收收入的结构中开始逐步占据重要地位：1896年几乎达到直接税的60%。

来自美国中西部大平原的粮食和畜牧业的竞争以及来自其他大陆的农产品进入市场，沉重地打击了欧洲各地的土地收益，严重损害了地主阶层一直保持的经济—社会的优势地位。意大利地主贵族及保守政治阶级的自信亦遭危机严重打击，受到不可弥补的伤害。亚奇尼农业调查的结论提供了一个有力证明。支撑古老农业社会平衡的基本前提之一是维持家庭所有制的能力。小农不能或不愿采用最现代的耕作方式、缺少银行信贷以及日益依附于城市市场等等严重冲击着农家经营。即使许多小农场具有应变和抵

抗能力，但土地制度及社会生产关系的调整至少在巴达拿平原正以空前的速度加紧进行。1897年8月，《新闻报》在比较1881年意大利北方各省大、中、小地主的数目后评论说："土地资源日益集中于大地主和大垦植公司之手，他们或购买位于其地产中间的小片土地或修筑大排水工程时兼并山河湖谷中的小农产业，使自己的地产扩大成片。"金融投资以及典型的工业生产组织形式亦被引入许多地区。城乡关系有了初步的变化。农村古老所有制的政治—社会基础——大量小农阶层以及各种各样的中间阶层和千差万别的生活水平——已摇摇欲坠。出于笼络人心和保护传统的、稳健的、政治上结党营私的社会制度的目的，对小农和分益制佃农减免税收和农业信贷等问题从未像19世纪80年代后那样得到广泛的讨论。即使如此，在北方农村中仍无法振兴19世纪初以"开明的" 土地贵族为中介的古老农村社会形式，亦无法改变向"农村民主制"的过渡。工业正在逐步占据农业在国家积累、政治斗争和文明发展中的特权地位。最后，"大萧条" 暴露了旧地主阶层的社会控制力十分软弱，同时证明了因土地、生产率和人口负担等条件农业无法单独为将来保证必要的收入。必须尽力实现工业化的信念在政界和报界有了市场；商业和工业资产阶级深信握有转机的有效办法，因此早在其影响（20年前在议会和公共行政机构刚露头角）得到巩固以及真正的工业发展过程开始之前，就已满怀抱负、充满自信。

维尔弗雷多·帕雷托在描述新领导阶级的社会学论著中把军费开支的增长、各届政府结党营私的恶习以及无数的金融投机归罪于工业保护主义,不是完全没有道理的。19世纪90年代,钢铁工业、造船业与军界、政界之间的利益越来越广泛地汇聚在一起(在政权斗争中仍充满着比过去更为麻烦的或非传统性的问题),推动意大利外交实行殖民主义和德、奥、意三国同盟的方针。值得一提的是,庞大的重工业在海关高度保护下又获得另一个相当重要的良机:进入出版业,参与日报投资,将其视为对公众舆论和议会施加压力的有力工具。这就是为什么工业家费尔迪南多·马里亚·佩罗内参与1886年创建热那亚的《19世纪》报,并与邦布里尼、皮亚焦一起分享该报产业;从此该报主要反映钢铁集团和造船业的利益。

较全面地看,帕雷托和其他自由贸易主义者——仍主张以自由贸易和反对国家干预经济生活为基础的典型英国模式——的指责忘却了一个极其简单的事实,即在其他工业化发展较晚的国家里,而且不仅仅在这些国家里,海关壁垒以及国家干预这些年来均被证实是资本主义发展的必要条件(并非反常现象)。最近的史学终于认识到,如若不采取措施抵制外国强大的竞争,保护那些因缺乏原料而处于不利地位的部门所迈出的工业化步子,意大利就很难在短短20多年内装备自己的工业。

必须指出,由于"两个意大利"的两极分化、1887年税制本身的缺陷以及尔后经济"起飞"所引起的阵痛,在政治和社会方面付出了较高的代价,与西北欧工业化地区的差距更加扩大,因而强制性、分阶段缩短差距的工作十分困难,但又刻不容缓。在这些大难题中还有一个因保护粮食而引起生活必需品价格上涨的难题。西洛斯·拉比尼正确

【意大利经济】

目前,纺织服装业约占制造业产值的11%。北部的伦巴第区和皮埃蒙特区是意大利最大的纺织工业基地,米兰是最大的中心。与纺织工业密切相关的服装、制鞋、皮革业也十分发达,在世界上享有盛誉。

地指出，物价上涨促使工业中货币工资增加，因而生产成本也随之增加，但又使人民群众生活水平下降，因为工资水平跟不上食品价格不断的上涨。同时，广大消费者和纳税者的损失也相当可观。

【意大利经济】

意大利制作的服装由于款式不断翻新，引领新时尚，近年来生产能力已超过法国，每年服装出口额仅次于中国，居世界第二。

不可否认，向保护主义的转折以及为保证一些相互依存的工业部门发展而进行的国家干预确实对国家现代化起了决定性的作用。从那时起——由于公共行政强有力的订货保证——钢铁、冶金机械、化工、造船等行业的市场有了新的规模。政府旨在发展多种工业的政策本身也创造了一种气氛，有利于私人预计和估算投资的最大效益。同时，海关保护政策至少也开辟了一些工业集资的独立渠道（后面将较详细说明），再不那么依赖于旧银行体制的勉强施舍。

除国内消费品市场深化问题外（本世纪末棉纺市场已稳定，丝织业和毛纺业尚未达到这一程度），格尔辛克龙就1887年保护税率内部机制造成工业各部门发展不平衡问题所发表的异议值得单独一提。这位美国学者特别指出，给予钢铁工业如此众多优惠的海关改革终因原料成本提高而损害了机械部门的发展；同时，保护像纺织业这样一种“陈旧的、现代技术进步缓慢的、在一个欧洲大陆落后国家里发

【意大利经济】

意大利现有鞋厂7570家，就业人数达11.34万人。2000年，意大利共生产皮鞋3.9亿双，出口皮鞋3.6亿双，有“皮鞋王国”的美称。制鞋业是意大利国民经济中重要的出口创汇行业。

展有相当局限性的工业”可能也是一个错误。格尔辛克龙的这些看法似乎比他自己提供的有关重工业和棉纺工业长期发展的资料数据更为悲观。

加强以钢铁生产为龙头的冶金工业完全无损于机械工业。由于国家对民族造船业的照顾，由于铁路订货中给予意大利机械业的优惠份额，由于大城市对有轨电车材料的大量订货，又由于正在发展的建筑业和纺织业对配套设施日益增长的要求，机械工业虽没有受到同样的保护，但有可能增强自己的实力。至于棉纺业，确实不能否认从19世纪80年代起就起着带头作用，因为棉纺业已形成以大中企业为主的坚强核心，使一小批省银行和合作社转向工业投资，而且还动员、集中了广大雇佣劳动阶层，发展了新的地方基础设施。棉纺厂在生产和技术方面所取得的成就不可低估，纱锭和织机的增加足以说明其重要性：1876年1900年间纱绽由745000枚增至2100000枚；织机从不足27000台发展到78000台（其中61000台为机械织机）；棉纺织品，虽价格不断下跌，仍从5100万里拉上升到3亿里拉，职工平均产出也从940里拉增至2250里拉。

1873年以后，海运费用下跌，进口煤价也随之大跌，从而消除了一直困扰着

国家工业发展的一个最严重的障碍；那么意大利工业，在这种情况下并受到保护主义和国家大力干预的支持，基于哪些实际抉择而丧失壮大自己的机会呢？当时机械工业处于相对落后的境地——缺乏专门人才，无独立生存能力——极需一段紧张的适应时期来采用一个与制造最简单的辅助设备为主的生产过程完全不同的生产周期，因而税收照顾、奖励出口等鼓励办法（替代给予冶金工业的保护措施）能为这一工业立刻打开缺口和取得效益值得怀疑；在这种情况下又产生另一个问题：在自由贸易制度下机械工业的命运会有本质的不同吗？恰恰相反，对大部分机械工业来说——面对国家对造船业的鼓励和高价的冶金产品——必须寻求与最大钢铁集团建立纵向和横向的联合形式；那种旨在把工业投资风险分散到较广泛活动范围内的银行政策也在推动这种联合。重工业和大机械工业结合的这类倾向在其他国家，首先在德国，确实也有所表现。然而，至少有一件事是可以肯定的：没有广大的、各种各样的工业存在（其中包括最昂贵的钢铁工业），没有一些比较有利的优势的保证，半岛的经济落后状态将更为严重，不可救药，国家将沦为葡萄酒、丝绸、蔬菜生产国，高级手工艺品供应国，处于二等国地位。

关于1887年关税改革在农村中的效果问题，我们确实不能继续认同所谓的单一性的说法，即粮食保护主义只用于保证意大利南方所有制的生存，巩固有害于新生产力发展的、最传统的土地寄生形态。事实是，大部分意大利农业企业在农业危机中没有能力降低生产成本、投入新的资金或修订农业合同、改进经营技术来抗衡市场竞争。更不应忘记危机的深度和裂度已促使大部分欧洲经济早在1887年

【意大利经济】

意大利的家具制造业享誉国际市场，出口额居世界第一，2001年约占世界家具出口总额的47%。珠宝业一枝独秀，2000年制作珠宝首饰使用的黄金也居世界第一。

前就已采取可靠的、有效的保护主义措施。因此，如若说关税保护主义确是一种可使各有关部门都平安无事的简易办法，那么从最先进国家的经验中也确实找不到可迅速克服经济衰退的不同办法或经验教训。只有丹麦、瑞士和斯堪的纳维亚半岛的部分国家避开了保护主义这一铁的规律，它们至少有一个较好的资源和人口布局的优势。总之，意大利的农业经济与其他国家相比仍然是一个易碎的“瓦盆”。

意大利征收的小麦关税到1894年超过了其他欧洲国家现行的关税。农业保护主义果然刺激了小麦种植，但其结果扩大了粗放的、收成较低的作物比重，从而从另一方面证实了李嘉图的理论：高价小麦会提高货币工资和地租，却减少用于资本积累的财力。此外，历届政府给予食糖生产者极高的保护税率，甜菜种植面积大量扩大，长期下来必然发生严重的生产过剩危机，而消费者或食品工业并没有从中得到具体的好处。

还应提一下，与法国“贸易战”的反响以及对1890年后意大利农业全面情况过分仓促的评价仍在影响着全面否定农业保护主义的看法。毫无疑问，克雷斯皮应负严重的政治责任，他不仅对法国怀有几乎是疯狂的不信任和敌视（甚至毫无根据地认为法国意在侵略意大利），而且认为国际形势正向着不利于巴黎政府的方向发展。克雷斯皮甚至胡乱利用关税保护主义作为一种政治武器，因而给意大利经济带来了巨大的损失。政府人士也存有相当错误的幻想：即使贸易

【意大利经济】

意大利人把纺织品、服装、皮鞋、手包、首饰和眼镜称为“时尚品”。这些“意大利制造”的时尚品不仅领导着世界时尚潮流，每年也为意大利的出口立下汗马功劳。

破裂，法国经济也不会放弃进口一些意大利产品，法国消费者和制造业仍需意大利北方的丝绸和南方的葡萄酒。当然，巴黎迫使意大利政府退出1882年与中欧帝国及某些沙文主义复辟王朝签订的同盟所施加的压力对提前废除1881年贸易协定也起着一定的作用。

1888年3月起两国间的“海关战”对意大利来说后果是严重的。意大利南方葡萄酒、油料和柑橘生产者蒙受最严重的损害，但意北方中小地主也遭极大的损失，虽然在关税不断提高的情况下他们还一直在附近的法国市场上保持着良好的丝绸、大米和牲畜销路。从数量看，与法国的贸易总额（直至那时还占意大利贸易首位）从1887年的6.33亿里拉一直跌至1894年的2.62亿里拉，其中国际价格下跌也起了明显的作用。与瑞士贸易关系的暂时加强、德国经纪人和金融家在半岛的活动（目前还是零星的），以及1891年与奥匈帝国、德国相继签订的协议（仅限于缓解葡萄酒和其他传

统农作物的严重困难，但交换条件是降低一些进口工业品的税率），仅部分弥补了与法国贸易额的锐减以及法国资金从意大利企业和银行界的外流。

南方大地主从粮食保护主义中得益匪浅,但仍需提出这样的问题:1887年以及以后的年代中是否存在着走另一条道路的实际可能呢？朱塞佩·奥兰多在描述国家农业经济所取的成就和所面临困难时承认,海关税率的改革至少抑制了,后又止住了一场几乎波及所有地区的、并在农产品价格全面崩溃后看来无法阻止的农业危机。即使保护主义是最有实力、最有权威的地主代表人物所需求的,小麦关税也确实帮助了许多出售少量小麦的农户(他们依靠粮食作物换取可在市场花费的现金)。

拒绝农业保护主义——朱塞佩·阿雷指出——在一个充满种植粮食小生产者的国家里，尤其在一个进行深刻的、迅速的调整和改变农作物的国家里,会引发一场对农民群众来说比采取保护主义更为广泛的、破坏性的社会危机,将有数百万过剩劳动力被赶出农村,赶出意大利。

确实，在与法国开展海关战以及对粮食实行保护主义之前的那些年代里，南方农业已在穷于应付国际市场日益广泛、日益严重的危机总进程所引起的食品价格暴跌的形势：其他欧洲国家和殖民地国家对葡萄酒、油料、大麻、亚麻的激烈竞争,效益

日增的新旱地耕作制的强大竞争力，人为压低汇率的轻率货币发行政策，等等。南方还存在着一个人口过剩的问题，在许多情况下使农业劳动生产率降到零，也许还是负数；另一方面，不仅比欧洲大陆其他地区，甚至比意大利北部和中部人口负担更重、次地比例更大、土地改造和现代化的费用更高。在这种情况下，有哪些可行的办法可使南方农业经济走上另一条道路呢？吉雷蒂、德维蒂·德马尔科等一些自由贸易主义者当时设计了一条大量扩大地中海作物和放弃小麦生产的出路，从实际情况看（价格暴跌、转产费用大、资源和人口严重失调等等）纯系空想。在南方各地区，就是一种使两个方面相对平衡发展的方针也难以在危机的困境中闯出一条路子。

由于在基础设施方面缺乏公私投资或投资十分零碎，到19世纪80年代末南方农业为此付出了代价（我们已强调过基础设施投资对地方经济和革新发展的总体能力具有

十分重要的意义)。结果是——缺少改良土壤和水利灌溉基础工程，又无滨海平原整治土地的有力投资——生产多样化和专业化种植的推广在农业危机后成了短期内，尤其在整个经济生活瘫痪、经济情况极为严重的情况下,几乎无法解决的问题。在经济衰退时期,公共支出流向的固有恶习比南方地主的保守思想更为有害,它阻碍了粮食种植的变革。总之,为使保护主义带来的部分好处转化成技术和种植方面持久的成果(像意大利北方那样),南方经济极需可靠的基础设施,极需为改善生产设备、为贸易周期正常运转、为较合理有效地使用地方资源所必要的一系列环境条件。也不应忘记,南方还缺少一些合作社组织以及政治和工会运动，把农民群众的不满情绪转化成一种来自下层的强大动力，推动改革农业合同,改善工资待遇,消除庞大的、挥霍无度的特权阶层。

【意大利经济】

在意大利国内生产总值中,农业约占2.3%，农业人口约占就业人口的4.4%。意大利境内多山,可耕地面积仅占全国面积的10%。

第二节 19世纪末严重的经济情况

保护主义无法挽救广种薄收的农业区或自然资源和人口比例严重失调地区的命运。这些地区主要集中在意大利中部和南部，农业危机的影响一开始就比半岛其他地区更为严重。确实，威尼托和皮埃蒙特两大区的中等租赁农场和小地主在危机中也十分艰难。正是意大利北方的雇工、雇农和小农首先起来寻找某种出路；他们离弃农田，成群结队移居国外。早在与法国的“海关战”把南方的葡萄种植者和平民百姓卷入移民潮（1880年至1890年平均每年为18万人，到19世纪最后10年内每年平均为28万人）之前，北方地区的大量农业人口（1885年3.5万人，1887年6.1万多人，1888年几乎达到13.5万人）离开故土，去他乡寻求工作，另谋生计。

与南方相比，基本资源未受损害的北方农业经济一段时间后就显示出具有较为可靠的技术和组织方面转产的能力、生产商业化的能力以及续订农业契约的能力。认为托西关于海关税率不同地区（尤其是意大利北方和南方）有不同效果的说法是非常正确的。波里西尼等人关于小麦生产现状的最新研究表明，征收小麦高关税完全受益的是巴达拿平原的粮食生产者。他们不仅大幅度增加自己的收

【意大利经济】

第二次世界大战后，随着农业现代化进程的加快，农业劳动生产率大幅度提高，在农业用地不断减少的情况下，很多农产品不仅自给，且能出口。

益，并把部分土地税转嫁给最贫苦的消费者，而且降低了单位面积的生产成本。皮埃蒙特和伦巴第两大区的中南部各省，威尼托大区的垦殖区以及整个埃米里亚大区正在彻底地向资本主义转变：逐渐取消传统的分益制关系，广泛推广使用化肥，全面改善轮作制，增加饲料生产，饲养良种牲畜，引进放养技术。

意大利农业即使还没有达到像法国、比利时或德国加速农场专业化并使之向精耕细作型转变那样的成就，但单位面积产量和纯收入方面在短短的几年内所取得的成绩还是十分明显的。由于轮作制和较合理的耕作方法的推广，或由于有了较好的灌溉设施，1892年后的30年内中北部一些省（从特雷维索到帕尔马、皮亚琴察，从维琴察到莫德纳、佩萨罗）每公顷施的肥和使用的耕牛开始大量增加。19世纪最后5年内，北方地区的移民潮开始减缓。1896年至1897年与1886年相比，丘陵地带和巴达拿平原年平均增值率为0.9%。

较先进农业条件的成熟，还有因部分小农解体和雇农工资不断下降而引起农村居民点逐渐减少，使北方地区工农间相互依存关系更为加强。在伦巴第大区的奥洛纳和塞维索山谷以及布里安扎上下游——米兰《工人协会》报于1884年3月谈及农民、分益佃农及小地主离弃家园时写道——由于大量剩余劳力的存在，工厂像雨后春笋般地出现，厂主可以为所欲为：强行制定工资标准，按自身利益改变劳动合同，随意增加劳动时间和提高单位时间产出效益。1885年至1895年间在皮埃蒙特大区也有大量农民拥入城里谋生。到处都是盲流，

【意大利经济】

在农业生产中，种植业占农业产值的一半多，以粮食作物和园艺作物为主。主要粮食作物有小麦、稻谷、玉米、大豆等。2004年，粮食产量22365万吨，其中小麦产量800万吨，占粮食产量的1/3以上。

他们或挪东补西，或乞讨偷盗，勉强糊口。值得注意的是本世纪的最后几年，一部分来自农村的人口在伦巴第大区以及北方其他地区造成了一个十分广大的临时工市场，一支最终跨入工厂大门的新工人队伍。

开始阶段，受价格下跌之害的地主阶层愿意将其部分收入转向似乎比工业投资收益更丰的部门（从房地产到公共事业）。这种倾向使建筑业能提供比制造业更多的就业机会。另一方面，取消磨面税必然加重间接税，同时又保持比其他国家更高的小麦价格，使大规模扩大消费者和国内市场的可能性大为减少。

由于货币强制流通的取消，1880年后出现了第一次房地产投机浪潮（因新的外国资本拥入）；这一浪潮后又由于大量农村积蓄和财力转向城市地产投资而得以加强。梵蒂冈金融界对意大利市场的兴趣也日益增长："神职贵族阶级"的大家族式的各种基金会

和慈善事业(瓜分和破坏无数罗马别墅和公园)参与了这项投机浪潮,这几年的收益亦相当可观。1880年至1887年,银行纸币流通量从6亿里拉上升到10亿里拉,全部积累性储蓄——1881年至1890年间从15亿里拉增至24.72亿里拉——从国民收入的4%跃至6.3%。1883年至1887年不到5年的时间内,各信贷机构的贴现率和预支款项翻了一番,国库券的购买直线下降,这预示着投资的性质和选择正在出现明显的变化。

金融市场这种新趋势没有产生既有利又有效的结果。建筑业疯狂投资并不十分顺利,造成意大利银行系统严重的紧张局面。1885年后出现的投机浪潮——这与从首都开始的一些大城市对住房和服务设施要求无计划增长有关——卷起了“建筑狂热”和牟取非生产性暴利的旋涡,吞没了大量财政储蓄,丢失了不少大小机遇。这是估计太乐观、太不着边际的结果,也是缺少一项适当的公共调控政策的结果。新房的价格和消费者群众的实际承受能力间的比例严重失调,因而经济萧条和外国信贷紧缩方面一有风吹草动,在土地垄断、承包竞争以及国家财政支援基础上架起的杂乱无章的脚手架就摇摇晃晃,不堪重负。一些控股公司和建筑企业的证券在交易所的崩溃也连累到那些不计后果和风险在建筑用地上进行投机的信贷机构。不动产的繁荣使住房毛投资不断地、猛烈地上升:1876年后10年内从7.62亿里拉增加到17.61亿里拉(1938年价格),1881年至1885年建筑业全盛时期竟达到全部毛投资的24%。

国家银行体制危机的后果十分严重。不仅与建筑投机密切关联的控股集团,而且在建筑业大量投资的意大利两大动产银行——通用银行和动产信用银行——均陷于前所未有的软弱和不稳的处境。货币发

【意大利经济】

意大利小麦不能自给,每年需进口一部分。但意大利生产的小麦中约有1/3为硬粒小麦,品种优良。

行银行的财政状况也相当困难。为使摇摇欲坠的银行摆脱困境，货币发行银行从1887年起实施大规模的、代价高昂的救助活动，政府也明确批准信用货币的发行可超越法律规定的界限。由于数家在建筑业投机冒险的银行破产以及大量增加流通货币又无黄金做准备金，最后银行危机发展到1893年1月轰动一时的罗马银行大清理——被控成倍发行系列证券——以及数月后两家意大利最大信贷公司的倒闭。银行系统几乎全面崩溃以及意大利信贷在国外市场的困境使城市建设发展激起的建筑材料工业和公共事业基础设施工业的活力大为下降，同时又无法对那些受益于新海关经济方针的生产活动进行适当的投资。

但是，19世纪80年代相当一部分银行资金也用于购置新的工业设备以及发展基础设施。根据某些看法——与广泛宣传罗马银行丑闻有关——银行活动的唯一结果是把大量钱财浪费于投机和牟取暴利的活动中；但最新研究纠正了这些传统看法。没有动产信用银行的坚决支持和参与，就无法解释1881年至1887年间生产资料工业以及许多纺织、机械和化学企业的大幅度增长（年平均率为22%）。

长期以来，银行和工业企业间的关系出现了一些变化，握有流动资本的资产阶级与拥有生产资料的资产阶级间存在着不断分裂和利益纷争（与英法相似）。统一后20多年内，“金钱贵族”（从以巴斯托吉和巴尔杜伊尼为首的利古里亚和托斯卡纳贵族到米兰和都灵的贵族）利用较少积累和较高利润率的条件或利用工业活动缺乏一项适当

的自筹资金政策，以几乎无可争辩的方式发挥了动产的力量，争得了领导经济发展的霸权地位。但是，他们只注意短期投机活动，忽略中长期投资，或因为与外国利益有密切关系，或因为仅握有不大的家族遗产。在这种情况下，正是按照法国第二帝国时期私人银行模式发展起来的动产信用银行和通用银行代表了意大利金融市场体制中的一种有意义的、重要的转折。

【意大利经济】

意大利是欧洲最大的稻米生产国和出口国，2004年稻米产量135万吨，主要供出口。意大利也是欧洲最大的大豆生产国。

这两家主要信贷银行，虽然在包揽一切风险时（这种风险为欧洲大部分金融业所共有，它们都经历过漫长而艰难的技术和结构调整过程）犯有经营上的错误和某些失误，但一直力争广泛采用康采恩运作办法来平衡对企业的投资。尤其是它们能抓住现代工业社会中银行活动的新规模——即使在经济危机条件下会产生许多困难——逐步摆脱外国老板及客户的控制。这两家银行垮台后，意大利必定出现一个较好地适应资金流动和工业集资需要的银行新体制，然而至少在经营上述业务中还保留着某些传统和经验。同时还存在着一支技术人员和管理人员的队伍，没有这支

队伍，1894年就不可能建立新的德国式的联合动产银行，并在焦利蒂时期的经济腾飞时起决定性的作用。

【意大利经济】

2004年，意大利玉米产量为1132万吨，占粮食产量的1／2以上，居西欧第二位。北部波河平原土质肥沃、水源充足，是意大利农业最发达的地区。

总之，对80年代银行资本活动应给以重新评价。确实，货币发行银行因信贷膨胀而溃不成军，使银行体制缺少一个可靠的统帅。所以，需等到重振幸存的发行银行、调整货币流通和建立“意大利中央银行”之后，才能在这个世纪末前后逐步统一银行市场，使信贷手段、贴现率和国际汇率完全正常化。同样，私人银行核心在1892年至1893年因大量亏损而崩溃后，至今仍无法提出一项有效的特殊信贷政策。然而，银行动荡的那些年代里也遗留下一些东西：一个相当广泛的地方信贷机构网（储蓄银行、民间银行等），在尔后的10年内，特别在意大利北部，这一网络发挥了很大的作用。也不能无视面向工业设备（还有港口、运河和铁路）进行长期投资迈出的步子（尽管有亏损和过多的固定资本），这些利润率高、发展速度快的部门几年后成了促进工业发展的有利条件。另一方面，妨碍实施较为稳妥的、协调的信贷措施的拖沓作风以及某些投机性的、交易所性质的虚伪假象均产生于像意大利这样一个国家的经济困难本身：缺乏用于投资的节蓄；古老的高利贷和实物抵押贷款并未完全消灭；货币市场上可兑现的、流通的有价证券不足。

第三节　国家干预

从那些年起，公共活动对货币的稳定和新经济关系的成熟开始担负起决定性的角色。国家开支不断增长几乎是19世纪末欧洲的共同特征，公共行政所使用的财力有时竟达到国民收入的四分之一以上。然而，在意大利，国家干预在积累资本和改造经济结构的历史长河中起着更为决定性的作用。这与国家落后程度本身成正比，在俄国、日本及其他工业发展较晚的国家里（不管有意识还是无意识）都是如此。1873年出现的不景气现象加速了修改自由贸易政策，国家处理经济活动的一些传统原则几乎到处都随着不景气而改变。不仅采取保护主义政策，而且还制定了一整套政治方针和立法措施，旨在加强融资、新技术引进、生产机构、战争能力、殖民扩张工具等等。

【意大利经济】

意大利是欧洲最大的园圃蔬菜生产国之一，每年蔬菜产量约占欧盟的40%，其中西红柿产量约占欧盟的3/4。意大利的蔬菜在西欧市场上十分畅销，是意大利的重要外汇来源之一。

意大利统一后的20年内，许多公地和教会财产的转让和相当规模的公共事业和国营企业的私有化（或销售或出租）成为一些自由贸易设想具体化的重要时机。19世纪80年代初，新的思想方针开始占据上风。当时至少已意识到，英国的“工业革命”以及其他欧洲国家正在进行的工业革命奠定了新的实力对比的基础，改变了一直左右着或妨碍着较落后地区迈出工业化步子的经济发展必要条件。另一方面，农业危机引起经济气候变化的同时，随着左派在政权中地位的巩固，政治路线也正逐步变革。一些新的压力集团对政府和舆论的影响日益增长；他们或产生于最早的工业区，或受君主—军方权势集团（一直与上层银行界中那些同外国金融界勾结在一起的投机集团有矛盾）的保护。同时，要求国家保护经济活动的政治倾向已加强，该倾向认为经济活动是民族独立和国家威望的保证。此外，改良土地和整顿城市居民区的大规模干预以及越来越复杂的金融和组织问题的出现，必然加重国家机器的职能，增加各部技术科室的数目，加强改良土地、森林、卫生、教育等方面的公共活动；关于经济活动本身，国家也于1882年制定了新贸易法则，几年后又批准了新的社会和劳动法。

从1883年起，财政政策常采用追加特殊公共支出以及对一些优先照顾部门突击投资等方式来支持重工业、铁路建筑和集体运输的发展。国家从1885年起就采取行动——对制造业的奖励和酬劳制度——支持自由的、受补贴的海运公司，巩固和加强海军力量。同年，国家对按铁路协议建设新线或继续修建已开工的铁路工程的公司给予集资方面广泛的保证。同时对生产发动机、设备和火车头的机械工业（1882年至1886年间在莱尼亚诺和米兰两地成立的佛朗哥·托西公司和布雷达公司），以及对生产军备的军火工业（1886年在波佐利市建立生产大炮和船用大炮的阿姆斯特朗公司）尽可能提供新的市场。为推动中

期贷款而批准降低民间银行和其他金融企业发行票据的贴现率提高了营业额，促进了工业活动。因此，银行的私人贷款总额从1881年国民总收入的15.4%增加到1889年的26%。

【意大利经济】

意大利南部的地中海型气候十分有利于水果的生长，主要有橄榄、葡萄、柑橘、柠檬以及著名的意大利李子等，橄榄和葡萄产量分别占世界总产量的1/4和1/5，水果出口也是意大利外汇收入重要来源之一。

当时的头等大事是：由于国家的坚决支持并在执行供应海军装甲和设备的合同上采取优惠价格和提前支付办法，全国最大的钢铁工厂（特尔尼钢铁冶炼公司）于1884年3月成立。早在1871年，斯特凡诺·布雷达就提出了加强意大利军事工业的计划，但当时没有取得成功，主要原因是他提出采用公私各半的合营方式把一个远离边境和海洋的翁布里亚小城改造成为一个“具有水力驱动的6000马力的生气蓬勃的钢铁和褐煤城市”的建议不受欢迎；现在这一计划终于得以实现。在此基础上诞生了大量生产钢水的意大利第一个现代钢铁工业核心；但只是在第二期才装备了从矿石到生铁、钢、钢材的整套设备。法国在租船失败后

集中注意力于发展蒸汽船舶的现代化造船业,其经验也为意大利所借鉴。加强船队和港口设施是主张国家经济和军事自给自足的贝内代托·布林部长积极执行的基本政策之一，它有助于冶金机械生产的部分复苏,促进了大量外资流入造船业和军事工业。国家航海奖只奖给使用意大利船坞建造的船只所航行的航线;国家制造奖(对于关税保护主义造成的上调价格,可减免税收,由国库负担)只奖给使用国家钢铁工业产品的造船厂。

国家1885年法律规定的奖励制度并未使意大利商船队立刻全面改用蒸汽机。例如,热那亚海运局得到政府以各种形式给予私人船主75%以上的补贴,然而当地最大一家公司(意大利海运总公司)经理埃拉斯莫·皮亚焦开创的“经营政策”与热那亚各个老公司的经营模式无多大区别:与过去一样,把公共资金从本集团的一个部门调到另一个部门,搞投机活动,而不是把国家对船业的投资转化成对码头和船队进行技术改造的有效工具。此外,军事上的急需、德普雷蒂斯和克里斯皮两届政府的三国同盟政策和殖民政策、意大利海外移民增加所需的海运力量均促进了钢铁工业、造船工业和船舶公司间利益的一致。在保护主义的庇护下,在国家补贴计划的背景下,大工业、银行界和政界间有可能形成新的权力集团。从那时起,国家(或以公共行政直接订货的方式,或以奖励和补贴的间接方式)成了重工业的主要客户。诸如鲁比尼和科隆博这样的政治家有时在特尔尼公司任高职,有时在内阁中任部长;这种情况在19世纪90年代并非鲜见。据估计,仅仅1883年至1887年5年内对陆军、海军和公共工程的补贴增加到整个公共支出的50%。

【意大利经济】

意大利与西班牙、希腊是世界三大橄榄油生产国,意大利橄榄油的产量已由1990年的16.32万吨增加到2000年的61.4万吨，与西班牙并驾齐驱,居世界前列。

总之，工业资本和金融资本积累

的速度在加快，作为基础工业的一个关键部门—钢铁工业—占有新的重要地位。由于国家订货和补贴，一个独立自主的市场已形成，并在逐步扩大。最后，终于出现了一些有利条件，足以克服至今一直阻碍着重工业发展的一些瓶颈（尽管还存在着特权和垄断利益的情况）：可以动员适当财力，集中设备，使企业达到符合长期任务的适当规模；这些问题过去是高不可攀、无法解决的。今天我们已能更好地来评估19世纪80年代出现的经济变化，虽然掌握的材料还不够完整。根据吉尔辛克龙有关整个生产活动的最新资料，以1881年为基数100，到1887年冶金工业上升到414，化学工业达到267，机械工业为185。然而，钢铁生产在1889年达到最高年产量34万吨后一落千丈，冶金机械工业几乎也遭到同样的命运；这一情况证实意大利经济存在着周期性的、不规律的进程，但并未减弱新兴基础工业的出现及其规模不断扩大这种结构变革的重要意义。

当时，为保证生产资料生产有较高的发展速度，为增加有利于早期工业化进程的资本投入，国家在财政方面的活动中也扮演了主要角色。今天，人们倾向归功于阿戈斯蒂诺·马利亚尼的政策（在德普累蒂斯政府中期和第一届克里斯皮政府内任部长，他从金融角度来决定公共开支的去向，支持重工业和新型公用事业的发展），认为其政策有着一贯的逻辑性，至少在经济方面比当时政治家和学者所承认的更有成效。但是，就是部分放弃年度预算平衡对一些至今仍习惯于正统财务制度的政治

家来说也至少是一种特殊的、令人不安的准则。然而，扩大公共开支却取得了可喜的成果，它既起着反周期性的作用，即部分缓解经济危机所引起的货币紧缩的后果，又起着较长时期内增进既疲软又不足的市场需求，尽管仍存在着许多结党营私的恶疾以及在有组织经济集团的压力下屈服退让的弊病。总之，通过国家执行较明确的干预政策，加上刚走上的工业保护主义道路，意大利经济政策出现了一个一百八十度的转变。

【意大利经济】

西西里岛是重要橄榄油产地之一，其油具有独特芳香，在国际市场上很受欢迎。意大利葡萄种植历史悠久，种植面积广，葡萄和葡萄酒的产量和出口量仅次于法国，居世界第二位；柑橘和柠檬产量也都名列世界前茅。

传统自由贸易方针的彻底转变以及多年制预算的概念必然给纳税者和消费者带来相当大的损失，必然恶化——不断发行普通债券、有价证券和国库券——国债的状况，因而调整国家财政的繁重任务必然落在以后各届政府的身上。由于在国外发行高利率分档债券及其他公债，债务大增，使国家经济面临动荡的国际市场一筹莫展，尤其是使意大利国库面对外国经纪人多变的态度无还手余地。但是，朱塞佩·巴罗内在新近一篇学术论文中正确指出，这是“一个不可避免的条件，它导致独立自主的意大利金融市场再次处于结构性落后的境地，然而要实施工业化，又必须在这种条件下工作”。

扩大公共开支——除国家机器某些方面运转不

灵(因1889年赤字达到5.59亿里拉)以及在国外巨额浪费外——仍无法完全阻止私人投资和从业人数的下降。如若新财政政策在第一阶段作为稳定因素推迟了或缓解了经济危机的影响,那么在经济萧条日益扩大的情况下,任何一种甚至是大胆的国家预算措施实际上也不能保证调控的效果。国民收入实质上停滞不前(1888年至1896年国民收入的步子勉强跟上人口的自然增长),使预计的税收收入中出现了越来越大的缺口。机器、交通工具、设备器材的毛投资——1879年至1888年间几乎翻了一番,从16.5亿里拉(按1938年价格)增加到31.34亿——在90年代初几乎直线下降,减到21.52亿里拉;这一水平一直维持到1895年至1896年。一些观察家因而得出这样的结论:这是一种表面的、非真正的发展。实际上,这是始于70年代末的扩张运动的一次突然中断,对国家经济建设工作没有引起毁灭性的破坏。1888年至1889年以及1892年至1894年的3年内国民生产总值虽然有所下降,但采矿业、电力业、交通运输增值率却在增长,商业活动在1888年、1891年和1894年突然减少后又开始活跃起来。

20世纪初,上世纪末经济情况不景气的乌云渐渐散去,于是对最动荡、最紧张的19世纪末20年中进行变革所留下的遗产有了不少积极的评价。即使与法国的"海关战"使丝织业和"自然工业"遭受严重的损失,但耐用消费品和生产资料(机器、发动机、纺织设备、冶金产品等)却获得广阔的新市场,一个完全不能忽略的技术现代化过程已出现。确实,工业产品增长非常缓慢;1888年后,在国民收入内其比重甚至在下降。但是,在经济活动增长速度骤然下降的一系列数字背后,应看到同时期内发生的质的变化:烧木炭的高炉逐

【意大利经济】

意大利的畜牧业主要饲养牛、羊和猪,但肉类、牛奶等不能自给。牛、猪的饲养主要在北部,占全国80%以上;羊的饲养主要在南部。2004年有牛672.7万头、羊800万只、猪922.3万头。2004年,肉类产量为415.3万吨。

步由一个较现代化的钢铁工业所代替；纺织工业纵向联合的发展；机械工业多样化的形成；化学、制药、橡胶等方面初期活动的加强。

结构的变化和市场的规模给经济发展较迟的欧洲国家带来了一些难以适应的问题。一些部门的增长速度相对来说要比从手工工场过渡到工厂的初级阶段慢一些，因为后者对资本的需求不高、技术培训较简单，而即使是一个微小的发展，因起点特别落后，对生产总进程均有较大的影响。而重工业的建立则要求较昂贵的设备、较广阔的财路，增长的速率却又不那么快。而且，棉纺工业一旦完成了技术发展的第一阶段后，要进一步改善设备规模也要求较大的投资和相当长的准备和适应阶段。

自然，不是所有在保护主义下涌现的企业都倾向于把逐步占领国内市场所获得的利润进行再投资。几个工业集团甚至依靠强硬的政治态度、议会中的结党营私或收买某些新闻报刊，为领导集团和公众舆论定下有利于自身利益的调子，这样在分配肥实的国家订货和无底的政府补贴中取得丰厚的份额。然而，国家特殊的开支和海关措施即使使受保护的企业获得巨大的差额利润，但那些年的财务报告并没有得出企业处于寄生地位或公共财政处于恶化状况的简单结论；相反，认为在动员财富、投入固定资本及发展第一批大工业企业方面还有一些具体的促进作用。至少，国家

为支持现代化发展进程所起的宣传教育作用或广泛的辅助作用极其重要，有助于今后重大的发展。

【意大利经济】

交通运输业是意大利国民经济中的一个重要部门，从业人数约占全国从业总人数的6%，占国内生产总值的4%。主要运输方式有铁路、公路、海运、空运和管道。

另有两个发展因素值得一提。一方面，最先进、最有竞争力的工业部门逐步替代手工业企业；另一方面，由于纺织业持续不断的增长，农业危机期间先在城市建筑业安身的一些离乡背井的劳动力部分转到工厂雇佣劳动的行列中。1881年至1901年间，机械化的或已采取资本主义经营方式的企业也通过这条道路扩大了市场，从而出现了传统的家长式生产活动与真正的工业活动之间一条较为明显的分界线，使家庭劳动和小工场工人不断减少，其利润也逐步下降。尤其是棉纺工业从农家手工业解体中获得巨大好处，开始了一个较为急剧的生产专业化和工人劳动工厂化的过程。1882年至1890年，棉纺公司的资本从1700万里拉上升到4900万里拉，占纺织工业全部资本的38%，说明企业的集中正逐步走向更广泛的领域。同时，在恩利科·德拉夸的推动下（伊诺第认为，似乎意大利的“商业大王”传统又在复苏），意大利纺织工业在拉丁美洲打开了广阔的市场。这样，在伦巴第、皮埃蒙特和利古里亚许多地区，为一些强大的纺织中心创造了向新经济领域扩展的先决条件，从而摆脱了老的商业和银行投机活动。此外，也出现了向化学、纺织机械、电力等其他工业部门进行投资和扩展的新机遇。

19世纪末期的情况确实不能完全从狭隘的经济角度来总结。社会紧张局势加剧、斗争日益尖锐、政治激情不断高涨，这些均是农业危机、与法国冲突在生产活动中引起的震动以及银行体系的混乱等的背景。破产农民和穷苦雇农移民美国和拉丁美洲、北方农村流行糙皮病、南方百姓意志消沉并非当年意大利唯一的形象。北方各工厂工人群众劳动条件极差，他们反对工厂主的专横和欺压，反对无限制地增加工时和大幅度减薪（食品花去工资的75%，其余被计件工资定额的提高和实物工资的增加所耗去）而不断发动罢工，城市小资产阶级的情绪有时达到反政府、反议会的程度，一点微薄的积蓄和渺茫的希望也因实行新的累进税收制而消失殆尽。这一切说明蔓延全国的不满情绪正在日益高涨，也说明19世纪末开始的经济发展尝试有其局限性以及付出的代价。在1892年银行丑闻、殖民之举失败和国家预算巨额赤字的压力下，曾拒绝用增加地产税来弥补特别军费开支的领导阶级似乎已到了山穷水尽的地步。

正是当时威胁着政治制度稳定的阶级冲突以及领导阶层内部深刻的分裂产生了一股较强的推动力，要求更新经济结构和改革各社会阶层的力量对比。因此，克里斯皮政权十分脆弱。90年代初，在多教变化论和1887年税制的旗帜下形成了一个联盟，该联盟与法国第二帝国在波拿巴主义的庇护下建立的政治经济集团，或与德国俾斯麦首相执政时期因银行工业界最强有力集团和地主传统力量间的临时联合而出现的政治经济集团有着许多类似的东西。但是，社会党的诞生，激进党、共和党、社会党结成广泛的左派反对派运动，剥夺最基本的文明自由在自由资产阶级一些阶层内引起的政治和社会紧张形势，还有半岛各地区发展

的差异和不同程度，这一切使克里斯皮无法把军事集权君主制的巩固与某种形式的国民经济发展结合起来。当时，这位西西里国务活动家曾企图重建金融体制和鼓励重工业和军火工业的发展，使经济制度能较好地顶住危机的冲击，而且也不忽略在一些南方地主统治的典型地区通过一些“反封建”的法律草案来建立现代资产阶级所有制（南方地主对国家的其他地区来说似乎是资本主义发展中的一个沉重负担，是社会肌体上产生政治“毒瘤”的一个源泉）。

【意大利经济】

意大利铁路总长1.6万多公里，其中电气化铁路占一半以上，铁路承担货物周转量的15.7%。最主要的干线有沿着东西海岸线和亚平宁山脉的3条纵贯南北的铁路大动脉，几乎把半岛上的主要城市和港口都连成了一片。

像俾斯麦无法长期调和德国领导阶级各个方面（普鲁士的农业贵族、大工业、军队）的要求一样，一向倾向于采用德国集权方法加强政权、控制国内形势的克里斯皮随着时间的推移也不得不放弃其努力和希望，即希望用钢铁工业、军火工业与殖民扩张政策相结合的方法，争取北方资产阶级主力，确保实施一条基于海

【意大利经济】

意大利北部有著名的意大利和瑞士之间的辛普朗隧道（全长19824米，是世界上最长的铁路隧道）以及圣哥达隧道等。这些铁路是沟通中欧、北欧和西欧的重要通道，米兰是全国最重要的铁路枢纽。

外成就的经济发展新方针，确保在改革和镇压间找到一个能缓解农村严重社会不满情绪的排气阀。

90年代初蔓延整个南方的斗争，尤其是西西里政治团体掀起的汹涌澎湃的运动，已引起公众舆论对国家最富爆炸性矛盾的关注，使南方经济社会现代化的要求在一段时间内完全公诸于众；然而，社会党确实在理论上和政治行动上均未牢牢抓住这一改变“南方问题”看法的机会。由于社会党人低估了农业和农民问题，南方地区的人民运动遭到失败，给国家复苏和发展的前进方向和倾向造成了两个严重后果：一方面，一旦军事反动重建原来的地方均势，南方最终又会回到传统的起点上（必将变得越来越落后）；另一方面，社会主义运动走上一条新的政治经济道路，可以将其说成是北方工人“贵族”与大工业的联盟，虽然其中有着辩证的关系。

1895年,意大利渡过了经济最危机的年代。米兰和都灵经历了建筑业投机失败和金融业危机后正在恢复元气:城市工业肌体更加厚实,城市建设规划恢复进行。在皮埃蒙特省,焦利蒂和克雷斯皮间的党派之争以及仇法和亲法之争使阵营分明;在都灵,克雷斯皮的反对派深信,必须集中精力具体处理人民权利和自由问题、劳动问题、疟疾问题以及糙皮病问题,体制方能更好地发挥作用。他们以渐进方式开始了与社会党人的对话。社会逐步发展、思想自由辩论、最低阶层的解放等英国模式激起了广大城市资产阶级知识分子和自由职业者的信心。伊诺蒂渴望在有文化素质的"工业巨头"支持下进行改良行动;在他的要求下,像比耶拉市各工厂那样紧闭的大门终于打开了。在米兰城,家长制的传统非常深厚,工人协会还被视为"颠覆性的"危险组织。热衷于把工业分散到市郊,把城市变成一个生活和商业中心就是这种态度的表现之一。然而,除一些宗派小集团外,克里斯皮政策仍未能把寡头集团中稳健派的最重要部分争取过来。像科隆博、普里内蒂、埃托雷·蓬蒂这些与企业界有关联的或直接来自企业界的人物,其谨慎的保守主义倾向于建立一个"名人政府",不主张搞太个人化的政权;注重恢复国家财政,不关心争取国际威望这种伟大构想的魅力。为了在较严格的中央集权政策下小心地维护残存的地方自治特权,伦巴第大区的稳健派和自由主义者对皮埃蒙特大区的稳健派和自由主义者不无戒备。

"米兰国家"的暴乱和

【意大利经济】

意大利既是世界上最早修建公路的国家之一，又是最早建成高速公路的国家之一。公路总长30多万公里，其中高速公路长6478公里(2002年)。公路运输约承担意大利货物周转量的76%和客运量的2/3，是意大利最重要的运输方式。

皮埃蒙特大区舆论界权威人士对“西西里人政府”的反感，都是北方资产阶级有识之士不愿与克里斯皮权力集团(包括南方大小地主和军事特权阶级)同流合污，不愿为某种乞讨般的投机活动以及南方知识分子“好斗的”殖民主义和过于简单化的雅各宾主义效劳的有力证明。他们也不愿支持企图以昂贵的代价扩大在那遥远的、有潜在危险的红海之滨的占领地。随后，卢扎蒂和迪鲁迪尼采取措施(或实施税收改革计划，或成立全国老弱病残救济银行)，为索尼诺、佩卢和“宫廷派”意欲复辟寡头政治而抛出的社会改良主义涂脂抹粉，但这些措施仍不足以平息北方企事业资产阶级对一些反议会措施所怀有的不安情绪。在成长的道路上，工业阶层对于老的议会宗派集团或对于某种见风驶舵、变化无常的多数变化论有了较深刻的觉悟水平，同时也提高了自身的组织能力。另一方面，如火如荼的人民运动以及第一批工业无产阶级核心登上舞台(与穷苦农民群众一起，展开维护法制的斗争，保卫和提高劳动阶级的地位)，加强了政治上较强大的、有较好工会基础的工人运动。确实是这两股新生力量——一是现代企业资产阶级，一是组织在工会(由1888年至1894年的阶级同盟和一些反抗性社团演变而来)中的工业无产阶级——促进了国家在1896年后出现经济长期上升的局面下做出开始现代化进程的决策。

第四节　大工业和国家官僚机构

认为法西斯的生存仅仅是依赖于武力，依赖于旧世界保守力量（工业家、大地主、教会、教士中的拥护者以及民族主义者）的支持是错误的。法西斯的阶级成分在20年代至30年代间已有扩大。部分小资产阶级站在法西斯一边，除最初的原因——本着保守的精神或本着防止无产阶级化的精神统治阶层给他们开具了“订货”的支票——外，还有一些特殊的因素：极权政权用就业、职位和俸禄保证小资产阶级在组合制机构中、党内以及各种新成立的半官方组织内享有好处。再则，“高牌价”政策保卫了节俭资产阶级的存款后，第三产业、国家机关以及私人技术和行政机构领导层的工资也有相应的提高。问题还需深入研究，但根据一些数据来看，1929年后颁布下调工资后，职员阶层工资的下调明显低于工人阶级（1922年至1939年实际工资下调了16%）；而1936年至1937年之后，工资总额又按比例进行了上调。

相比之下，极权政权为保证最起

码的经济安全或让工农阶层分享殖民冒险的“成果”所开展的工作，实际上并没有影响群众的态度，只是起了不少的宣传作用。这一工作无法、几乎永远无法深入人心，让人完全信服。法西斯为组织和计划“拥护运动”建立了不少新的机构，其影响确实是广泛的、显著的；从这个意义上说，大众媒体（电台、新闻、电影等）所起的作用也不小。个人和集体的举止行为不仅受镇压机器，而且还受极权国家的思想意识以及下级各阶层一体化结构的广泛制约。但是，要更细地估量这个“群众性反动政权”的真正厚度、成就、停滞、失常、内部矛盾等还缺乏许多资料。工人阶级，根据时间和行业的不同——从大量参加法西斯工会的新移民（最穷的、最有危险被解雇或被遣返原籍的人），从事临时工作，如建筑业的劳动者，以及从事公用事业的人，一直到对极权政权的组织和示威游行抱有反抗或被动情绪的一些技术工人，或在战后的工厂气氛中受过熏陶的工人——态度也各不相同，确实无法对现象做普遍有效的、完全一致的解释，否则就会陷入简单化、普遍化的危险中。征服帝国（埃塞俄比亚）是极权政权全盛时期，但也不足以命令北方大工厂的劳动阶级完全站在自己一边。大部分工人——例如，1936年3月都灵法西斯党省委书记加佐蒂在一份有关菲亚特职工的《秘密报告》中说——“传统上仍然是社会主义的、共产主义的”，仍然“抵制”极权政权的报纸。

农村的情况明显不同，随着事物的发展，日益成为法西斯民粹主义和天主教阶级合作论的汇聚点。

【揭秘经济】

法西斯花了最大力气做农民群众的工作，确保自己有一块人民拥护的腹地。30年代大力开展农村宣传至少是一证明。

当然，极权政权也在城市各阶层和工人中开展宣传，目的在于“开化资本主义”或在经济危机时期批判产业主义的失调和明显的创伤。但是，对农村不太富裕阶层的思想同化工作与农业发展政策结合起来的企图确实遭到大私人经济集团的反对，他们担心国家财力过多地流入农村和支持地租形式；随着经济衰退的加重，这种意图逐渐为国家干预、工业转产、银行改变方针等优先要求所代替。1934年之后，极权政权对农村失业和其他痼疾别无他法，只有依赖于征募军队、民兵和去非洲、西班牙的“志愿兵”，或为巴伐利亚和其他德国农业区输送季节工。另一方面，在组合制恢复活力的一个较短时期后，法西斯党越来越呈现出一个官僚组织、一个准军事组织的面貌，而不是一种有效渗入工农群众、政治思想上密切联系工农群众的工具。

【揭秘经济】

当时出现了一个新的官僚贵族，由国家官吏、各部领导、党魁、半官方机构和公用事业领导人组成；他们本身都拥有组合制特权，他们结党营私，他们对劳动、公共工程、司法和警察机构的管理以及组织“拥护运动”均自作主张或强行干预。

相反，从农村小资产阶级到城市职工这些中间阶层得益于一些有保障的农产品价格、一些在某种程度上得到国家保证的新的就业机会以及一些恢复其社会地位的表面现象，因而他们参与了瓜分从雇佣劳动夺得的一部分收入，参与了资本积累、扩大国家投资和加强行政机构和公用事业的全过程。扩大官方和半官方官僚机构的干部队伍，在行政机构内任命退伍军人、军队高级军官、有骑士称号的手工业者和小商人代表，给大量教师和组合制机构内的小官吏分配新的任务，这一切均有助于巩固中、小资产阶级的影响，使他们

【揭秘经济】

大工业集团——除了为新的官僚政权付出一些代价外,他们一起奋斗,一起向前发展——正是与国家资产阶级一起管理着国家经济生活,实施或检验从上而下控制和稳定经济生活的新方式。

抱有更多地参与政权管理的幻想,使中产阶级恢复了当初的活力,认为可以向工业界和金融界大人物发号施令,或可以突然向某些曾使他们敬而远之的农业贵族施加报复。

大地主确实保存着相当可观的财富。农业——多梅尼科·普雷蒂曾经在一篇关于法西斯农业政策整体分析报告中正确地指出——从属于北方大工业的扩张"本身并不能保证资本主义无保留地、无矛盾地发展"。中心问题依然是社会各阶级内政治权力的分配问题。不可否认,把意大利引入战争的权力集团瓦解后,正是那些与统治阶级合成一体的职工阶层的中级干部在法西斯关键时期组成新的"应变力量"。取消工人阶级签订合同时保卫自身利益的权利,整顿大工厂的等级制和职能,20世纪30年代在意大利出现的公用事业从业人员骤增和第三产业化的倾向,把临时的特派员公署转变成各部办公厅,在国家统制经济范

围内增设新的机构和委员会,更为有效的群众性媒体的出现,这些因素均有利于中、小资产阶级的官员、技术员、知识分子精英登上舞台。自然,这是一个分散于下层的整体力量,一旦登上舞台,就竭尽全力维护自身的作用,建立自身举止行为的各种价值观和模式,突出他们要求报复和进行社会阶层区分的意愿。1880年后工人和公职人员的经济条件开始逐步接近,但在法西斯时期又必然重新拉开距离,公职人员遥遥领先。

国家官僚机构在极权国家的上层和地方、在国家干预经济的新机构内以及在组合制内外各种组织中增强了职能,加强了控制手段,因而得到飞速的发展、极大的膨胀,已达到前所未有的程度。但是,这仅仅是一个前兆。1936年后,由于实施自给自足政策以及国家逐步军国主义化,官方和半官方工作人员又有巨大的增长。1932年,公职人员的数目比1923年增长94.4%;国家还进行行政改革,实行严

格的纪律制度，同时保证他们具有稳定的工作岗位和明确的法律地位。战前8年内，国家工作人员总数又有一个飞跃，从638329人增加到990000人。埃托雷·孔蒂指出，除部级机关和组合制机构外，还需加上党（工资待遇比其他任何机构更为优厚）、工会联合会和军工联合会等机构。在极权政权全盛时期，这一臃肿的官僚机构上层（1939年更为膨胀，大量有着特殊政绩的“有靠山的人”不需经录用考试就被纳入国家编制）形成一个强大的官吏队伍，他们在各经济部（财政、贸易和外汇、农林、公共工程和通讯）以及在控制和领导特殊经济活动（储蓄、军工生产等）的监督机构和特派员公署中拥有重要的职权。部分法西斯人士渴望经济管理从传统的行政机关转到组合制机构手中，但遭到不断膨胀并珍惜自身特权的各部官僚机构的反对；正是各部保证了国家干预的各项主要措施的落实。另一方面，首先是墨索里尼不愿把最重要的决策权交给组合制机构，害怕“这种双轨制会削弱中央权力，增强地方和各行业的机构和利益”，害怕“意大利也出现专家统治（亚组合制），它必然企图再次掌握国家大权”；大经济集团也成功地反对了博塔伊及其同伙要求组合制拥有“计划经济”职能的倾向，以及要求把组合制的职权范围从咨询活动扩大到法制活动的企图。

【揭秘经济】

除工商集团外，极权政权也保护靠地租收益的农村特权阶层，但这一事实并非意味着所有人都得到同样的好处。随着高档农产品出口值的下降，消费品逐渐减少以及国内市场需求的紧缩，南方地主阶层的权力地位也在逐步瓦解。

事实是——即使在旧国家机器上又简单地加上一个组合制的管理，即使组合制虽有局限性，但还能影响自给自足政策的一些原则性决策——在决定意大利经济重大方针政策时，私人集团和国家正统的或非正统的官僚机构间

正出现一种“竞争共处”的局面，并越来越多地赋予官僚机构促进和干预工业、信贷、国内外贸易的重大任务。大工业的垄断倾向得到国家机关和部分公共机构的支持而有所发展，生产资料生产部门通过这种或那种渠道得以迅速扩大；与之相反，土地所有制及其旧宗派家族的比重日益减轻。

如果一定要说法西斯时期有一个显要的“社会集团”的话，那么这个集团似乎是大工业和国家官僚机构的汇聚，而不是农业和工业的结合。由于半官方机构的巩固和国家对经济的干预，这一汇聚在30年代实力大增，然而不可避免地受到行政机构低效力和寄生性这种消极的、相互制约的现象的“污染”。当时，在意大利盛行的瓦尔拉和帕雷托的经济全面均衡论实际上没有提供有效的手段来了解真正的发展过程，却可以作为基础用于从思想上和民族主义观点上来解释新国家是一种力挽狂澜的事物，一种能使经济制度合理化和调和各部利益冲突的官僚政权。另一方面，法西斯极权政权建起的组合式新体制限制不了私人大集团在工会方面的权力；然而，在共同管理有关发放贷款、调整税收以及规定物价的全部公共机构方面，或在制定有关基础设施、货币政策、分配订单和投资的关键性决定方面，组合制对国家、各部科室和一些专门机构起着有效的保证作用。

发展和停滞是两次大战期间意大利社会现实的两个矛盾因素，部分符合国际经济周期的进程和结果，部分暴露出法西斯意大利落后的和生气勃勃的

【揭秘经济】

在行业间关系反常和失调、苛捐杂税、对各不相同的广大生产企业追加任务的情况下，勉强站住脚跟的工业机构重又陷入计划混乱、工作经常临时安排的处境中。工业界与掌握国家财政开支大权的新国家资产阶级、权力集团及其各种关系的共存突出了意大利资本主义的官僚特性，强化了国家行政的组合制和集中制的结构。

“两副面孔”。此外，一方面在积累资本和培养上层干部方面产生了一些国家按计划进行干预的手段，它必然在社会利润和投资间的“剪刀差”以及南北二元化差异的基础上极大地影响着二战后的经济方针和结构；另一方面，法西斯采取的许多办法在当时来说是十分软弱的、无重大意义的。在国家领导下，通过建立或复兴筹集中长期储蓄和资金的银行来重整信贷体制，控制投资和有选择地使用筹集的资金，扩大基础工业（机械、钢铁、电力、化工）并以垄断形式加以巩固，一些龙头企业因建立巨大控股公司（爱迪生、伊菲）以及进一步卡特尔化（蒙泰卡蒂尼）而使自筹资金能力显著增长（由于特殊利润和国家订货），这一切有效地避免了国民经济停滞不前，为私人资本和国家机器间相互紧密渗透以及为资本积累过程创造了条件。但是，这些和其他一些调整过程没有在30年代再次引发一次新的、长期的经济周期。1934年之后，极权政权改变方针，执行自给自足政策和重整军备政策，大力增加电力、机床和精密机器、化学物质和合成材料的生产。